【文庫クセジュ】

ジョージ王朝時代のイギリス

ジョルジュ・ミノワ著
手塚リリ子／手塚喬介訳

白水社

目次

凡例

一、本書は、Georges Minois, *L'Angleterre georgienne* (Coll. 《Que sais-je?》 n°3303, P.U.F., Paris, 1998) の全訳である。

一、ただし著者の参考文献表は書目のみに留めた。

一、注はすべて訳注である。文中に挿入する場合には〔 〕で括り、その他は番号を付けて段落のあとに記した。

一、固有名詞（人名、地名）については、訳者参考文献中の関連文献を参照し、原則として原音、原綴を採用した。ただし、一部は慣用に従った（オクスフォード、ジェンナー、ハノーヴァなど）。

一、人名の原綴は、ラテン文字綴りにより巻末の索引に記し、不明の場合を除き生年没年を付した。ただし、国王、摂政、太守などの場合は、在位期間を記した。

一、地名その他の原綴のうち、最少限必要と思われるものを本文中に残した。

一、本文中のイギリスの州名はすべて著者の表記のままに据え置いた（カムバランド、ヨークシア、ミドルセックスなど）。なお訳注では現行の州名を採用した。

一、原著における明白な誤りは訂正した。

序説

ジョージ王朝時代のイギリスとは、厳密に言うと、一七一四年のハノーヴァ王家即位から一八三〇年のジョージ四世死去に及ぶイギリス史上の時期のことである。この一一五年間には四人の国王ジョージが相次いで登場する。すなわち、しばしば不在のドイツ人で、臣民たちの言語を学ぼうとすらしないジョージ一世（一七一四～一七二七年）、ひどい訛で英語を話し、大臣たちとはまったく意思の疎通を欠くジョージ二世（一七二七～一七六〇年）、彼一人だけでこの時期の半分以上を占め、良心的で徳が高く、独裁主義的だが、いつでも理性的とは言えず、狂気に陥るジョージ三世（一七六〇～一八二〇年）、そして放蕩三昧の洒落者ジョージ四世（一八二〇～一八三〇年）である。

前世紀のステューアト時代と同じく、イギリスの君主たちは彼らの国家に対して、おのれの名前程度しか残さず、この国家は、十七世紀の革命時のように君主たちに逆らうのではなく、彼ら抜きで成長する。彼らの権力は決定的に議会のために縮小され、君主たちは議会、すなわち主として土地所有貴族の議員たちに統治を任せてしまう。

イギリスがユトレヒト（Utrecht）で勝ち（一七一三年）、その世界規模の主導権を確立したときこそが決定的な時期である。すなわち、イギリス海軍は四海に君臨し、フランス人たちを植民地から追い立てる。貿易は商業階級を豊かにし、蓄積された資本は産業革命の発端に出資することになる。他方、国政と財政の近代的方式はこの国家を、フランスの哲学者たちが感服する政治上、社会上の典型とするのである。

ジョージ王朝時代は、大きく二分される。一七六〇年までは、安定性が優勢を占める。ホイッグ党主導の政府において勝ち誇るのは、土地所有者たちの堅固な良識であり、彼らは何よりもまず地域的問題とよき財政管理とに専念し、議会の駆け引きどおりに国債を最もよく運用する。ロバート・ウォールポールはこうした穏健で平和的な政治を具現しており、それがやがてイギリスに、「偉大なる下院議員」(Great Commoner) ウィリアム・ピットのもとで、勝利に導くことになる七年戦争の費用負担を可能にさせるのである。

一七六〇年代以降、大難問の数々がこうした月並な保証を狂わせることになる。アメリカは母国から分離し、過激思想の台頭は土地所有者と大商人の寡頭政治の権力に異議を申し立てることになり、革命とナポレオンのフランスは、ヨーロッパ大陸におけるその覇権によって、連合王国の存在自体を危険に陥れる。それはすでに、「血と涙」の時代、犠牲と栄光の時代の先駆けであり、ネルソンとウェリントンの英雄的行為によって特徴づけられている。

しかしトラファルガル (Trafalgar) とワーテルロー (Waterloo) の戦いはこの王国を疲弊させ、深刻な政治問題を抱え込ませる。フランス革命は武力によって敗北させられるが、その思想はイギリスの庶民階級をなおも刺激し、彼らは、反動的な保守主義者たちによって粗暴に維持され今や不条理にさえなった選挙制度に異議申し立てをする。一八一五年は実際、ヴィクトリア女王時代〔一八三七～一九〇一年〕への始まりを画し、一八三二年にはついに選挙改革運動が、納税額に基づく真の選挙資格者制度を制定することになる。

一七一四年から一八一五年まで、イギリスは、ニュートンからジェイムズ・ウォットに及ぶ科学の領域において、アーサー・ヤング、マルサス、アダム・スミスまたはリカードによる経済思想において、さらにスウィフトからバイロンに至る文学においても、ヨーロッパ的文化の痕跡を残すことになる。この一〇〇年間は、ヴィクトリア女王のもと、「ブリタニアよ、統治せよ（Rule, Britannia）」[1]の時代にあってイギリスの覇権の基盤となる諸要素が据えられるのを見るのである。

（1）ジェイムズ・トムソン（James Thomson, 1700-48）とデイヴィッド・マレット（David Mallet, 1705?-65）共作の『アルフレッド、仮面劇（*Alfred, a Masque*）』（一七四〇年）中の歌。トマス・オーガスティン・アーン（Thomas Augustine Arne, 1710-78）作曲。

第一章　ジョージ一世、二世時代における体制の強化（一七一四〜一七六〇年）

一七一四年八月、アン女王が直系の子を残さず死去したとき、イギリスの王位相続には何ら問題がなかった。実際、すべては一七〇一年の王位継承法（Act of Settlement）によって準備されていた。王位は女系によりイギリス王室と結びついている、ジェイムズ一世（一六〇三〜一六二五年）〔James I、イングランド国王／James VI、一五六七〜一六二五年、スコットランド国王〕の曾孫、ハノーヴァ選帝侯ゲオルク・ルートヴィヒに戻ることになっていた。すなわち、彼の母ソフィーアは、ジェイムズ一世の娘エリザベスの娘だったのである。

しかしながら競争者がいた。一六八八年の革命〔Glorious Revolution〕によって王座から追われたイギリス国王ジェイムズ二世の長男で「老僭王（Old Pretender）」と呼ばれるジェイムズ・エドワードである。ルイ十四世の宮廷に亡命していたカトリック教徒のジェイムズ・エドワードは一七〇一年、父の死去によりその党派の人びとからジェイムズ三世の称号のもとに国王と宣言された。フランスによって支持される「ジェイムズ二世派」（Jacobites）の首領として彼は、ハノーヴァの新王朝にとっての絶えざる脅威を象徴したのである。

だが一七一四年、ステューアト家からハノーヴァ家への移行は妨害なく行なわれる。「イギリスはカトリックよりもむしろトルコ人の国王のほうを好むであろう」、とジェイムズの支持者ボリングブルック卿は遺恨を込めて認めている。ジェイムズは実際、少数派のカトリックや、フランスと伝統的に結びついているスコットランドのいくつかの氏族(クラン)、正統継承権と国王特権の原理に執着するトーリ党の分派の何人かの大貴族たち、そして何人かのイングランド国教会の主教(ビショップ)たちによってしか支持されていなかった。国外での主要な支持者であるルイ十四世は、ユトレヒトの惨憺たる条約（一七一三年）のために、彼を国外に追放せざるをえなくなった。さらに、このステューアト家の僭王は、その場に臨んで事を処す力量がなかった。無能で弱々しい偏狭な信心家の彼は、支持者たちに霊感を与えることができなかったのである。

イギリスは、この王国に急いで赴こうとしない新しい君主に対して忠誠心を崩すことがなかった。ジョージ一世は、アン女王死後七週も経てから到着する。彼はイギリスに対する嫌悪感を隠さず、この国の言語をけっして学ぼうとせず、またこの国の議会政治の形態を嫌った。国王には、大臣たちとの仲介者となるべき二人の男性が随行した。ドイツ人のボートマーと、連合王国をよく知る亡命ユグノー教徒のフランス人ロブトンである。ジョージ一世は頻繁にみずからの選帝侯領に滞在することとなり、そのことが政務の順調な進行を妨げることになった。

他方、イギリス国民はこの五十二歳の、離婚し、三人の愛人に囲まれている粗野なドイツ人をまったく愛さなかった。彼の息子で後継者のジョージ二世も、同様に不人気であった。三十歳でイギリスに到着した彼の英語はひどく下手である。父と同じく留守がちで、臣民たちの愛を得ようともしなかった。ハノーヴァ王朝が必要とされたのは、感情(サンチマン)によってではなく、よりよい解決策がなかったからにほかならない。カトリックのイギリス人国王よりもプロテスタントの外国人国王のほうが、まだましだったのである。

I　啓蒙主義のヨーロッパで称賛された議会制度

モンテスキューからヴォルテールに至るヨーロッパの知識人（インテリゲンツィア）は、イギリスに瞠目した。『イギリス書簡』（*Lettres philosophiques ou Lettres anglaises*, 1734）は、ヨーロッパ大陸において優位を占める絶対主義とは対照的な、啓蒙された政治の典型として、イギリスを紹介している。

イギリスの政治家たちの思想上の師はまさしく、自由思想体系の創始者ジョン・ロックである。彼はいっさいの政治的権威の基礎を統治者と被統治者間の契約という理論のうえに据えており、もし前者が市民の財産の安全と保護を保証しないならば、後者はいつでもその権力を取り戻しうるとしている。行政権を国家の代議員の介在によって制限する理論であるが、所有権を特権化し、「王国のお荷物」である貧困者の参加を除外する限りにおいて、やはり非常に保守的な理論である。同様の限界は、カトリックと無神論者が除外されている、宗教上の寛容に関する箇所にも見られる。

少なくとも一七六〇年までロックは、ホイッグ党のまさにご託宣であり、同党は権力を独占し、彼らの優位を永続化する現状を維持しつつ、議会の介在によって、大地主の法令を国王に押しつけた。立法活動は非常に縮小され、権力は経済と財政に専念した。もう一方の政治上の大派閥トーリ党は、ロックが嘲笑したロバート・フィルマーの思想をずっと長く糧（かて）とし、王権神授説と王意への服従を主張した。しかしながら、カトリック信仰への帰依にもかかわらず多くの人びとから敬われている旧王家に忠誠心を抱いているのではないかと疑われ、この党は、ジョージ三世統治の始まるまで、権力から除外されていた。

国王の権力は狭い範囲に抑えられていた。英語を理解しなかったジョージ一世は、四年間で閣議に八回か九回しか出席せず、その後はまったく姿を現わさなかった。この習慣は彼の息子にも引き継がれた。大臣たちは自分たちだけで討議し、その決定をフランス語で国王の同意を得るべく言上したが、けっして拒否されることはなかった。同様に一七一四年以降、この世紀においてただの一度も、国王が、議会によって票決された法令に対し拒否権を行使することはなかった。

ジョージが多少の権力を保持したのは、大臣指名の次元においてであった。大臣の選択は、全面的に彼に任されていた。実際、議会に対する大臣の責任も、内閣の連帯も、組織化された政党も存在しなかった。大臣は一人一人が国王に依存していた。したがって専門的に言えば、この体制は議会制ではない。まさにほんの少しずつ大臣たちの連帯の概念が、まだ首相とは呼ばれない一人の指導者の周囲に形成されていくことになるのである。

まだ機能としては公式のものではなかったが、慣習では、財政担当大臣の大蔵総裁（First Lord of Treasury）が首相の役割を演じることが望まれ、さらにロバート・ウォールポール、ウィリアム・ピット父子、リヴァプール卿などの強烈な個性の人びとがこの地位に就いたことが、首相（Prime Minister）のイメージを作り上げるのに貢献した。その他の重要な大臣は、大法官（Lord Chancellor）、財務府長官（Chancellor of the Exchequer）、枢密院議長（Lord President of the Council）、王爾尚書（Lord Privy Seal）、北部担当および南部担当国務大臣（Secretary of State for the North / for the South）、海軍大臣（Lord High Admiral）、陸軍事務長官（Secretary at War のちに Secretary of State for War）そして、軍事支払総監（Paymaster-general of Forces）——国債を私人の資格で最も巧く管理することを伝統的に許されている、非常にうまみのある地位——などであった。

行政の効果を改良するために、大臣や国家の高官を含む大人数から成る枢密院会議は、すでになされた決定を批准するためにのみ召集されるようになった。実際の仕事は、内閣会議あるいは単に閣議と呼ばれ、国王がもはや出席しなくなった、ずっと人数を限った委員会の内部で、行なわれた。さらにいっそう少人数の会議は主要な大臣のみを招集し、彼らが最重要の決定を準備した。これらの非公式会議が「委員会会議」あるいは「委員会」である。

一七一四年から一七六〇年にかけて、国王たちは一九回も不在になる。毎回少なくとも六か月間、彼らの大切なハノーヴァの選帝侯領を訪れ事務を処理し、イギリスには摂政会議[1] (Council of Regency) を残して行った。この慣習は、国王と臣下たちのあいだの絆を弱める役割を果たしたのみならず、政府の健全な機能を混乱させた。大臣たちの陰謀を容易にし、時にはその決定を停滞させた。国王の署名がまだ必要とされたからである。たとえば、一七二〇年南海泡沫事件 (South Sea Bubble) の危機のさなかにあって、政府が有効に対応しうるまでには何週間も待たねばならなかった[2]。

(1) 摂政会議は政府高官たちによって構成されており、皇太子は関わっていなかった。
(2) 株の急落は一七二〇年八月以降に起こった。ジョージ一世は同年十一月十日まで不在だった。

だが今や権力の中枢は、十七世紀の闘争の大勝利者、議会であり、その威信は頂点にあった。議会を構成する二院のうち、上院は二二〇の構成員中二六人が主教であり、司法と立法の機能を持っていた。それはこの国の最高裁判所であり、まさにこの場所において弾劾の重々しい訴追——ジョージ一世治下においても五回施行された古い手続——が繰り広げられたのである。その立法権も、依然として重要であった。すなわち、あらゆる法令の議決にはこの院の同意が必要であり、少数の反対派は、その論拠を公表することによって世論に訴えることができた。個別的には、上院議員たちは大土地所有者であり、膨大な数の被保護者を監督するから、選挙において決定的な役割を演じた。政府により終身議員に任命され、彼らの忠誠心に対して報賞されたため、彼らはめったに当面の権力に反対しなかったのである。

下院は五五八の構成員を持ち、そのうち四五人がスコットランド人、四人が大学代表、そして九二人が州選挙区（カウンティ）から、四一七人が都市選挙区（バラ）から、それぞれ選出された。選挙には民主的なところは何一つなかった。財産上の選挙資格は選挙権を州選挙区では少なくとも年収四〇シリングの自由土地保有者という少数の資産家に限定したが、その一方で各都市選挙区は一定の水準の固有の特権を持っていた。この世紀の中期では、八万五〇〇〇人しか選挙人がなく、議会に代議士を送る二〇三の都市選挙区のなかで、一万人以上の選挙人を持っていたのは二二の区のみであった。極端な場合、「懐中選挙区（ポケット・バラ）」あるいは「腐敗選挙区（ロトン・バラ）」では、地区の大土地所有者が、一つかみの選挙人たち――彼の領地内の農場経営者（ファーマー）か、または商売上彼に依存する者――の事実上の主人であり、彼はこうした票を高値で売りつけたりした。

したがって、大臣が下院で過半数を確実に取るための最良の方法は、膨大な数の被保護者たちをこのように監督する貴族たちを味方に付けることであった。かくて一七六〇年代まで、ニューカースル公は事実上、七つの都市選挙区と四つの州選挙区を「所有」し、さらに彼の庇護の網目と資産によって、その他の一二もの区において決定的影響力を行使した。彼一人で、少なくとも三〇人の代議士をホイッグ党に確保した。政府は票を得るために、直接の買収――たとえば一七五四年の選挙では三万ポンドが費やされた――そしてとりわけ、人気のある行政職の分配を行なったが、そのうちのかなりの数は、こうした目的以外には正当化しえぬものであった。ほとんどの場合、異議申し立てすらなかった。すなわち、巧妙な駆け引きにより、不時の対立候補の出馬を辞退させたのである。全体として一一一人の庇護者（パトロン）が二〇五の都市選挙区の選挙を決定した。いくつかの選挙区は事実上、家族の世襲財産となった。西部イングランドのブリッジノース（Bridgnorth）では、一六六〇年以降二世紀のあいだ、ウィットモア家の構成員が組織的に選出された。

このような代議士たちは明らかに、確固たる政治原理など持ち合わせていなかった。どんな内閣にでも仕える態勢を整えつつ、地区の事柄を優先し、また選挙区の経済上の利益に好都合である限り、体制を支持した。ブリストルのような港湾の代議士の場合、こうしたことは明瞭であった。

このような集合体の代表的な性格はもちろん、きわめて限られている。社会的には、下院が大きく表明するのは、都市選挙区においてさえ、大土地所有者、貴族、ジェントリ[1]、郷紳（スクワイア）などの利益であった。商業と産業の利益は、議会のなかでまだ非常に少数派である。新しい産業中心地域の台頭は相変わらず考慮されなかった。一八〇一年にそれぞれ八万四〇〇〇、七万三〇〇〇、五万三〇〇〇の人口を擁していたマンチェスタ、バーミンガム、リーズには一人の代議士もいなかったのに対し、三、四軒の家しかない、いくつかの都市選挙区には二人もの代議士がいた。極端な例は有名なオールド・セイラム（Old Sarum）の村で、選挙人のいない選挙区であるにもかかわらず、議会に二人の代議士を送っていた。地理的には南部と西南部は過剰に代議士を送っており、代議士の四分の一が五つの州選挙区から出ていた。

（1）通常は、準男爵、騎士、郷紳、ジェントルマンを含む概念。ここでは郷紳を別枠に考えている。

地方政府については、地方分権と多様性が原則であった。イングランドとウェールズの九千余の教区において、土地所有者たちをまとめる教区会[1]は道路維持と貧民扶助を仕事とし、そのためにいくばくかの地方税を徴収することができた。しかしその土地の領主は、その荘園裁判所[2]（Manorial Court）ゆえに、地方組織において大きな役割を担った。

（1）教区会（parish vestry）は全教区民の集会であった。一八九四年の地方行政法によって大幅な改定がなされた。
（2）荘園の領主または代理となる荘園執事により開かれた裁判所。Feudal Courtとも言う。主として領主に対する保有農の義務や彼らのあいだのいさかいを裁いた。自由土地保有者を対象とする領主裁判所（Court Baron）と農業労働者を対象とする慣習裁判所（Customary Court）から成る。

最も効用性の高い行政単位は州であり、その頂点には地域の民兵軍を指揮する統監（Lord Lieutenant）がいた。大土地所有者として、彼は選挙の際に、その影響力によって重要な役割を演じた。毎年任命される州長官（sheriff）はもはや実際の権力を持たず、州の真実の主人は治安判事[1]（justice of the peace）となり、その権限は包括的なものであった。彼は自分の区域における法と良き秩序の適用を確保し、公道の維持と扶助制度の機能を監督し、裁判を行ない、四季裁判所[2]（Quarter Sessions）では賃金水準を定め、地方税や、商業上の特許、監獄の維持などを決定しうるのであった。

（1）治安判事は一三六一年に制度化された。資格は、年収二〇ポンド以上の土地収入所有者であれば、法律の専門家である必要はなく、中小の土地所有者、地方の名望家や有力者であったジェントリが裁判官となった。一八八八年の地方行政法により、治安判事は本来の下級裁判官に戻った。
（2）治安判事を裁判官として刑事事件を処理した下級裁判所。年に四回開廷したため四季裁判所と称された。一九七一年廃止。

これこそまさに地方の専制君主であり、中央の権力からまったく独立して、みずからがその一部であるジェントリや有力者たちのために自己の権力をしばしば利用した。一七三二年と一七四四年の法令は、この職務への就任資格を年収一〇〇ポンド以上の土地資産所有者に限ることにした。

こうした権威から免れていたのは、国王特許状（ロイヤル・チャーター）による自治都市であり、約二〇〇の地域があった。その組織はきわめて多様で、四〇ほどの場合を除いては、ほとんど民主的とは言えなかった。たいていの場合、長老参事会員（aldermen）が寡頭制商業組合によって選出あるいは互選された。リヴァプールはその一例であり、約四〇人が役職をすべて配分し、さらに注目すべき効用性を示していた。自治都市は治安判事の権限をすべて行使し、経済活動を規制した。ロンドンでは選挙民に六〇〇〇人以上の同業組合員が含まれており、シティはまさに独立した政治力を構成していたので、政府も一目を置かざるをえなかった。

司法制度はジョージ王朝のイギリスの大いなる誇りの一つであった。オクスフォード大学法学教授の大法学者ウィリアム・ブラックストン――彼の講義は一七六五年『イギリス法注解』（*Commentaries on the Laws of England*）と題して出版された――にとって、伝統に基づき歴史の流れと調和して発展した慣習法[1]（Common Law）は、ほとんど神の啓示ともいうべきものであった。

（1）イギリスの基本的法体系。中世以来、王座裁判所などで王国全体の共通の法として形成されてきた。

司法の独立は裁判官の終身的身分保証によって確保され、裁判官は注目すべき連帯精神を示し、権力に対して挑むこともできた。一七五六年から一七九三年にかけて王座裁判所首席裁判官（Lord Chief Justice）であったウィリアム・マリーは、過激派の騒乱に際して、民衆の圧力にも同様に対抗することができた。

一七三一年以降、判決にはラテン語に代えて英語が用いられるようになったこと、そして一七三六年魔女罪が廃止されたことのみが、刑法体系に関して十八世紀になされた修正であり、厳酷さは強化された。一六〇もの軽罪が即時死刑に該当し、そのなかには小額の窃盗、羊泥棒、桜桃の伐採、一か月に及ぶ放浪者集団（ジプシー）への仲間入りなどがあった。流刑はしばしば行なわれた。こうした判決の苛酷さは、所有権は侵すべからざるものであるという、支配階級の観念と、本物の警察力が不在であることに起因する有産階級の恐怖とによって、説明がつく。それでもジョンソン博士や裁判官のブラックストンのような人たちは、こうした極刑は法の本来の目的を妨げるものである、と言明した。すなわち、もし人一人殺しても羊一匹盗んでも死刑になりうるとすれば、羊飼いを殺して潜在的証人を消すとしても、刑罰はまったく同じなのであるから。

監獄は、とりわけ判決を待つ拘留者のために使われている場合、ぞっとするような場所であった。地方当局あるいは個人によって管理され、監房には何人もの囚人がひどい衛生状態ですし詰めにされていたので、一種のチフスである「監獄熱」(jail fever)が猛威を振るった。一七五〇年、ロンドンのオールド・ベイリー裁判所の一開廷期間だけで、四〇人がこの熱病のために死亡し、そのなかには、被告たちから感染した、裁判官四名、弁護士三名、州長官補佐（アンダシエリフ）一名、そして多数の陪審員たちが含まれていた。一七三五年と一七五四年の調査の結果、軽微な改良がなされた。

II　ウォールポールの時代（一七一四〜一七四二年）

予想どおりに、一七一四年ジョージ一世が指名した最初の行政府はもっぱら、ステュアート王家復位にまったく反対するホイッグ党員たちによって構成された。内閣には二人の指導者がいた。チャールズ・タウンゼンドとジェイムズ・スタノプ将軍である。しかも一七一五年の選挙は下院においてホイッグ党に一五〇議席差もの勝利を与え、法律では三年ごとの選挙(1)を想定していたにもかかわらず、下院は新体制を強化するために、一七二二年まで改選しないことに決めた。ステュアート王家に好意的な態度を表明していたボリングブルック、オクスフォード、オーモンド、ストラファドなどに対して、弾劾手続が開始された。ボリングブルックはフランスに亡命するが、結局はハノーヴァ朝に加担することになった。一七二三年イギリスに戻ると、私財は取り戻したが、上院復帰はならなかった。

（1）一六九四年の「三年議会法」により最長三年となっていた任期は、一七一六年の「七年議会法」により七年となった。なお一九一一年の「議院法」により五年に短縮された。

ホイッグ党がこのようにあらゆる権力を独占したので、内閣は一七一七年、抜群の外交手腕を持つジェイムズ・スタノプの単独指揮下に再編された。一七二〇年までの最初期は、財政の再整理、ジョージ一世とその子息（皇太子）とのあいだの争い、新貴族叙任権を制限するはずの立法計画——一七一九年の貴族法案[1]（Peerage Bill）——の否決などで占められた。

（1）国王の貴族創出権に制約を加えるため上院が提出した。上院を基盤とするホイッグ多数派と下院において地方を基盤とするウォールポール一派との内部分裂を強め、上院は通過したが下院で否決された。

この治世における最初の大事件は、財政上の破局、南海泡沫事件であった。おそろしく出費のかさんだスペイン継承戦争（一七〇一〜一七一三年）は国庫に巨額の負債をもたらしていた。一七二〇年、国債は五一〇〇万ポンドにも達した。イングランド銀行と東インド会社〔East India Company〕はその五分の二をみずからの負担としていた。一七二〇年一月、スペイン領中南米とイギリスとの貿易を独占していた南海会社〔South Sea Company〕は残りの五分の三、すなわち三〇〇〇万ポンドを引き受ける旨、申し出た。この金額については国家が五パーセントの利子を南海会社に払うはずであった。会社側は、債権者に自社株を時価で譲渡することによって、債務償却を期待したが、まさに投機の結果、時価は高騰し、次いで九月からは暴落して、何百万人もの破産者を出した。

スキャンダルは途方もないものであり、政府はスタノプを除いて人望を失い、スタノプ自身も一七二一年二月死亡した。世評では、信用を回復しうる唯一の人物はロバート・ウォールポールであった。ノーファック州の大土地所有者で四十五歳の彼は、一七〇一年から国会議員であり、多くの大臣職、とりわけ財政分野の職務を有能に果たしたことで、すでにその名をよく知られていた。

この人物は、その時代と、政界を牛耳る土地所有貴族たちの多くに見られる精神構造とに完全に調和していた。まさにそれゆえ、彼は一七二一年から一七四二年までずっと大蔵総裁兼財務府長官を務め、初めて事実上の総理大臣の役割を担うことができたのである。彼の大いなる強みは、みずからに原理原則がなかったこと、および政治上の取引を臆面もなく利用したことであった。世間ではよく彼に帰せられている、「どの人間にもその値札が付いている」ということばが実際には彼のものではないとしても、この断言は彼の態度をよく反映している。他方、「眠っている犬は起こすな」派の彼は、慎重に統治し、必要もないのに微妙な問題に接近したりせず、イートンとケインブリッジ仕込みのラテン語の警句で味つけされた演説を行ない、「眠っている者は動かすな」(Quieta non movere) などと好んで繰り返した。実用主義、卑俗でかつ感傷抜きの良識、こうした特性が彼をノーファック州の郷紳たちに近づけ、彼らはこの人物のなかに自分たちの姿を見たのである。

彼らと同様、彼は地域の問題を優先し、毎朝、国家の急送公文書よりも前に自分の差配人の手紙を読んだ。彼はホートン (Houghton) の先祖代々の屋敷を、自分の土地保全のために、壮麗かつこれ見よがしに再建させ、そこに完璧な悪趣味(センス)で、このうえなく奇怪な芸術作品を詰め込んだ。美には鈍感だったが、対照的に金銭についての判断力があり、国家を一企業のごとく、内閣を取締役会のごとく動かし、議会操縦法に長けていた。

彼がとくに好む領域はもちろん財政であり、この領域における彼の大刷新は、国債を徐々に償却することを目的とした減債基金（sinking fund）〔政府の歳入から一定額を控除し積み立てる基金〕の創設〔一七一七年〕であった。国債は一七三九年に四六〇〇万ポンドに減少したが、国家に年間二〇〇万ポンドの利子を支払わせていた。しかし元金の減少以上に、減債基金の利点は、国家に対する債権者の信用を回復することにあった。財政の有効な運用のおかげで、それまでは重大な弱点と思われてきた国債は、ウォールポールのもとで国力の一つとなり、確実な投資としても人気の的となり、資本家たちをこの政体に結びつけることになった。

一七二七年六月、ジョージ二世は、急死した父の後継者となった。イギリスの歴史家ベイジル・ウィリアムズが「怒りっぽく虚栄心の強い小男で、自分が主人であると信じたがっている」〔Williams 343-44〕と断定しているこの新君主は、ウォールポールを嫌ったが、彼に代わる存在がなかったため、解任しないでおくしかなかった。一〇年間、ウォールポールは結局、キャロライン王妃という選り抜きの味方を得ることになる。王妃の役割は、その夫君に大臣の政策は事実上国王の政策なのであると説得することであった。

一七三七年、王妃が死去すると、ウォールポールは、その周囲に対立者を増した分だけ、もろい立場に置かれることになった。ボリングブルックの仲間とそのトーリ党の友人たち、ウィリアム・パルトニーとその従弟ダニエル、ウィリアム・ウィンダム、そして大蔵総裁の専横にうんざりしたホイッグ党員たちなどが、両親と反目し、かつ権力の腐敗に立ち向かう道徳の擁護者、皇太子フレデリックのまわりに集結した。野党はスウィフト、ポウプ、フィールディング、アーバスノット、ゲイ、グラヴァーなどを利用し、これらの文学的才人たちは『クラフツマン』（*The Craftsman*, 1726. 12-1753）誌のような雑誌で政府を攻撃した。

ウォールポールは二〇年にわたって平和政策を遂行した。彼の力はその財政上の成果に依存しており、それには平和を必要とした。ところが、一七三八年以降、貿易商人や産業人の業界は、ウィリアム・ピットのような「愛国者たち」(Patriots) の激越な攻撃に支援を得て、スペインに対する戦争を要求した。南米におけるイギリスの貿易に対し、スペインが監視と横暴を倍増させていたからである。心ならずも、ウォールポールは世論の圧力に屈服し、一七三九年十月、宣戦布告をした〔ジェンキンズの耳戦争 (War of Jenkins'Ear) とも言う。本書第三章I参照〕。一年間彼は信念抜きでこの戦争を進めたが、一七四一年の選挙において彼の与党は数を減らしたので、一七四二年二月に辞職した。ニューカースル公に宛てた辞任の弁は、彼の悔しさを物語っている。「この戦争はあなたのものです。戦争を指揮してこられたのはあなたです。せいぜいお楽しみくださるよう願っております」。

一七一三年のユトレヒト条約から一七四二年のいわゆるオーストリア継承戦争まで続いた平和の時代——ハノーヴァ王朝が根を下ろし、政府がその慣行を強化し、経済の発展をもたらした時代——は、ここで終焉した。イギリスは、一七四二年から一八一五年までの四六年間の戦争という刻印を押される動乱の時期に入ったのである。この時期には、植民地拡大への執着が前面に出てくることになる。しかしイギリスが、まさに展開せんとする大闘争に立ち向かうことができたのは主として、三〇年に及ぶウォールポール時代の平和のおかげであった。これ以降、国内政治は国外情勢によって課されるリズムに合わせて営まれていくのである。

Ⅲ　ウィリアム・ピット（大ピット）の時代（一七四二〜一七六一年）

新内閣は、やはりホイッグ党で構成され、ニューカースル公、その弟ヘンリー・ペラム、ハリントン、デヴォンシア公など、ウォールポールの側近の多くを含んでいた。大蔵総裁の資格で名目上の首脳となったのはウィルミントン伯であったが、支配力を持つ人物は、北部担当国務大臣として外交を担当したジョン・カートレットであった。高い教養を持ち、フランス語、ドイツ語、スペイン語、スカンディナヴィア語を流暢に話し、ストックホルムとコペンハーゲンへの使節としてその才能を発揮してきたこの輝かしい外交官は、まさに適材適所の人物であった。しかし、よそよそしく、さらには侮蔑的で、世論も同僚の意見も議会すらも考慮に入れず、孤独に活動し、外国の君主たちにさえ不快感を与えた。「他人をみな子供扱いする」とフリードリッヒ二世は皮肉っぽくフランス語で指摘した。それゆえ、その外交上の成果にもかかわらず、一七四四年十月にグランヴィル伯となったカートレットは、翌月辞任するほうを選んだのである。

内閣の実際の指導者はペラム兄弟となった。一六九六年生まれの弟ヘンリーは、一七四三年ウィルミントンの死によりすでに大蔵総裁となっており、他方、一六九三年生まれの兄、ニューカースル公トマスは南部担当国務大臣であった。この新しい内閣は一七四五年、この世紀の最も危険なジェイムズ二世派の企て――すなわち「若僭王」（Young Pretender）チャールズ・エドワード・ステューアトの無謀な企て――に直面せねばならなかった。

ロマン派好みの修史によって賛美されたこのエピソードは、「四五年」〔'45 Rebellion〕の叙事詩として民間伝承に入り込んだ。その中心人物は、老僭王ジェイムズの子息、すなわち、美男で騎士道精神豊かだが、無分別な、若い冒険者「いとしのチャーリー王子」(Bonnie Prince Charlie) であった。彼はヨーロッパにおける戦争を利用し、ステューアト家に権力を取り戻そうと決意したが、未来の臣下たちの意見を遠ざけまいとして、外国の直接の援助を借りなかった。わずかな手兵とともに一七四五年六月、彼はナント(Nantes)を出発し、スコットランド西岸に上陸する。そのグレンフィナン(Glenfinnan)において八月十九日、九〇〇名の高地人(ハイランダー)たちが彼とステューアト家の軍旗の周囲に結集した。

このタイミングは絶妙であった。スコットランドには三七〇〇名しか正規兵はおらず、しかも小部隊に分散していた。そこで政府は大至急、オランダ人兵士六〇〇〇名を兵役に呼び戻さざるをえなくなり、これはのちになってヘッセン人兵士と交代する。グレンコウ(Glencoe)のマクドナルドや、ステューアト、フレイザーなどの高地帯(ハイランズ)の主要な氏族(クラン)たちは、チャールズ・エドワードに加担し、彼は九月十七日にはエディンバラを占領した。四日のちには、その近くのプレストンパンズ(Prestonpans)でジョン・コープ将軍を撃破する。次いで約五〇〇〇の兵を意のままにし、彼の大義名分に対し大勢の賛同者があることを当てにして、イングランドに侵入しようという大胆な決意を固めた。まったく驚くべきことに、彼は中部地方(ミドランズ)の中心、ダービー(Derby)にまで南下することに成功し、その間ロンドン市民たちは度を失い始めていた。

しかし国王の次男、カムバランド公の軍勢に急追されたステューアト軍は十二月六日、再びスコットランドに北上せねばならなかった。そこではスターリング(Stirling)を占領し、ファルカーク(Falkirk)で勝利を収めたものの、インヴァネス(Inverness)から数キロ離れたカロデン(Culloden)の荒野でカムバランドの九〇〇〇のヘッセンおよびイギリスの熟練兵たちに追いつかれてしまう。チャールズ・エドワードの五〇〇〇のスコットランド兵は疲れ果て、判断力を欠いた指揮のもとに、一七四六年四月十六日、完璧に打ちのめされた。彼らのすさまじい突撃は、ただ一度の効果的な連射で打ち砕かれたのである。敵軍の三一〇名の犠牲者に対し、一〇〇〇名の戦死者と一〇〇〇名の捕虜を出す結果となった。

それ以降五か月にわたって、チャールズ・エドワードは山岳地帯と島嶼(とうしょ)地域で追跡され、ようやくフランスに戻ったものの、カムバランド公のほうは、裁判抜きの処刑として記録に残る無情な弾圧を高地帯で行ない、「屠殺人(ブッチャー)」というあだ名をかちえるに至った。

ロンドンでは、ジョージ二世とペラム兄弟の不和が悪化し、ヘンリー・ペラムとニューカースル公は一七四六年二月、まだ活発なジェイムズ二世派の反乱やはっきりしない大陸の戦況などのいまだ不確かな状況につけ込み、これといった代案のない国王に内閣改造を強いて、グランヴィルを排除し、ウィリアム・ピットを入閣させた。

新内閣はヘンリー・ペラムの指導のもと、一七五四年まで続いた。その主要な任務は、一七四八年のアーヘン（Aachen）の和約〔これによってオーストリア継承戦争が終結した〕以後、またもや財政の再建であった。ヘンリー・ペラムは、大蔵総裁兼財務府長官として、予算において過酷な倹約を実施し、海軍の兵員を五万一〇〇〇から一万に、陸軍では五万から一万八〇〇〇に、外国君主への補助金を一七〇万ポンドから三万ポンドに、削減した。四年間で、予算上の支出は九八〇万ポンドから二六〇万ポンドへと移行し、不動産税の基礎は四シリングから二シリングとなった。

国債もまた、心配の種であった。すでに述べたように、ウォールポールは一七三九年、国債を四六〇〇万ポンドにまで縮小していた。戦争とともに、国債は一七四九年に七七〇〇万ポンドとなり、減債基金はますます本来の目的から離れ、補助財源として利用された。それでもなお、ペラムは一七五八年、国債の金利を一律に年三パーセントに下げることに成功したのである。

ペラム兄弟の内閣は反対勢力に出会わなかった。彼らの妥協的なやり方と、当代の最良の政治家たちが入閣しているという事実とが、彼らに平穏な日々を保証した。彼らの仕事は、父王と絶えず争い厄介な反対勢力の中心となりえたであろう皇太子フレデリックが一七五一年死亡したため、さらに容易になったのであった。

一七五四年三月六日、ヘンリー・ペラムの死がこの小康状態を終わらせた。「今後、私に平和はあるまい」とジョージ二世は断言した。この合意を重んじた男がいかに不可欠な存在であったかを悟ったからである。よりよい人物がなかったため、ニューカースル公が弟のあとを継ぎ、大蔵総裁として内閣の先頭に立った。しかしこの王国における最大の土地所有者の一人として選挙の際に発揮する強い力を別にすると、ニューカースルは無能で、面倒を惹き起こす混乱した精神の持ち主であり、そのうえ、貴族であるため下院に議席を持って討論の主導権を握ることができず、その仕事を凡庸なトマス・ロビンソンに託した。一方、財務府長官には、ヘンリー・ビルスン・レッグが任命された。

ところで、この無価値な内閣は、一七五五年の新しい国際的な危機と一七五六年の七年戦争勃発に立ち向かわねばならなかった。そもそもの初めから、ニューカースルはその職務に堪えられなかった。あまりのことに茫然としてしまい、ロビンソンに代えてヘンリー・フォックスを、下院における自分の代理人とした。だが同盟国の急激な状況変化に直面した際の不決断や、海戦および植民地における数多くの敗戦の情報、ウィリアム・ピットの焔(ほのお)のごとき愛国の毒舌などが、彼の内閣を崩壊させた。レッグ、次いでフォックスが辞任し、一七五六年十一月、ニューカースルも退任した。

この状況にうってつけの人物はウィリアム・ピットであり、国王は彼を忌み嫌ったが、下院に対する彼の影響力に比肩しうる者はいなかった。そして、ここでもまた、ジョージ二世は世論の圧力に屈することになった。だがピットとの直接の接触を望まなかったので、彼を南部担当国務大臣とし、連絡は国王の愛人レイディ・ヤーマスを介することとした。ジョージ一世の愛人たちの一人の孫で、ジョージ一世の父の愛人たちの一人の姪の娘、ジョージ一世のまた別の愛人の姪というレイディ・ヤーマスは、こうした仕事に精通していたが、同時代のポンパドゥール夫人〔ルイ十五世の愛人〕とは反対に、政治的な役割を果たそうとはしなかった。

内閣の新しい指導者ウィリアム・ピットは一七〇八年、新しい支配階層の家族に生まれた。彼の祖父は、海賊行為すれすれの活動によって蓄財し、マドラス（Madras）総督となり、オールド・セイラムを含むいくつかの都市選挙区を買収した。騎兵隊旗手であったピットが一七三五年、二十七歳にして議会入りを果たしたのは、この腐敗選挙区代議士としてであった。彼は、イギリスの貿易および植民地の利益を守ろうとする情熱と芝居がかった雄弁で注目を浴び、平和主義の大臣たちを痛罵し、反対派の人びとをその皮肉で粉砕し、もう誰一人として彼に立ち向かう気力がなくなるまで、その大弁舌の大波の下に彼らを水没させたのである。「偉大なる下院議員」というあだ名は、雄弁家としての彼の才能のおかげであった。万事が金で買われる、もっぱら策略と妥協の政界においてピットは、融通のきかぬ厳正さによって、人を苛立たせ、かつ同時に魅了するのだった。

この興ざめな人物の口を封じる最上の方法は、内閣に組み入れてしまうことであった。そこでペラム兄弟は彼を軍事支払総監に任命したが、彼はその手を通過する巨額の金銭を、目に余るほどの厳しさで管理し、伝統的にこの地位に付随してきた報酬や個人的利益を拒否するなど、驚くべき潔癖さを示した。

彼にとってイギリスの国威こそ至上の目的であり、それは植民地と制海権の拡張に起因していた。気晴らしにしかすぎぬ、ヨーロッパ大陸における冒険に反対する彼は、ハノーヴァの利益を気づかうドイツ人国王として思考する国王と真っ向から対立した。

一七五六年十一月十五日、彼が組閣した内閣は、一七五七年六月以降、妥協を目的として改造された。そこでピットは、議会裏工作にとっていつも役立つニューカースル公が大蔵総裁に再任することを認めたのであった。その一方、ヘンリー・フォックスが軍事支払総監となり、レッグが財務府長官に再任し、リチャード・テムプル伯が王爾尚書、ジョージ・アンソン卿が海軍大臣となった。

ここには主要な人材が揃っていたが、集団としてのまとまりを維持することはかなり困難であった。とりわけピットとニューカースルは互いにまったく理解し合えなかった。この二人は政治生活に関する二つの対立した概念を具現化しており、関心事もまったく異なっていた。前者は大人物で、壮大な構想と大胆な見解を持ち、清廉にして尊大、強運の指導者であり、その才知の絶頂にあって、イギリスに栄光を保証すると思われる大軍事行動を、単独で決定した。後者は財政管理に取り組んだ。大軍事行動の目的をつねに理解しているわけではなかったが、大蔵総裁としてその資金調達を保証し、彼の友人や支持者たちの厚意のもとで、下院があの大人物の議案を承認するようにせねばならなかった。ピットはニューカースルの財政上かつ政治上の取るに足らぬ打算を軽蔑し、自分の見解をわざわざ彼に説明しようともしなかったため、公爵とその友人たちは大いに立腹し、大人物なるものは徹頭徹尾忌まわしい人物だと考えるようになった。歴史はしばしば不公平なものであり、当然のこととしてウィリアム・ピットの名を残した。だがニューカースルという不可欠な人物の存在なしで、彼はその目的に達することができたであろうか？

なぜなら大規模政策は、とくに戦争時には費用がかさむからである。一七五四年の予算は四〇〇万ポンドの歳入に甘んじていたにもかかわらず、一七六一年には一九五〇万ポンドも工面せざるをえなくなり、そのためにニューカースルは不動産税を四シリングに引き上げ、かつ借入をする羽目になった。それでも議会は、ピットの誠実さ、率直さ、忠誠心に感嘆し、彼に従った。「偉大なる下院議員」は、不運のときにも勝利のときと同様、愛国心を揺さぶり国家を導く術を心得ていた。

ジョージ二世は彼を好まなかったが、戦争を遂行するのに不可欠な存在であることを知っていた。一七六〇年十月二十五日、老国王が死亡したとき、その孫で王位継承者のジョージ三世にとって、この高圧的な大臣を受け入れることはさらに困難であった。一七六一年九月、輝かしいが費用のかかる七年戦争の続行中に、ウィリアム・ピットがこの紛争をスペインにまで拡大しようと提案したとき、閣僚たちは彼に従うことを拒否した。ただちに彼は辞任し、それまでの功績に対してチャタム男爵位を受けた。

ピットの離任およびジョージ三世の即位とともに、おのれの王国に対しなかば外国人であった国王たちが諸問題の指揮を閣僚たちに任せていた時期、という歴史の一頁が繰られた。新しい国王は、イギリス人であることを誇りとし、さらにみずからの役割についてずっと高邁なイメージを抱いていた。

第二章　ジョージ三世とその大臣たち（一七六〇～一七九三年）

一七六〇年の国王ジョージ三世は、知性は凡庸だが、憂愁と鬱病に陥りやすい性向を持つ二十一歳の若者であった。自己の限界を意識して、つねに緊張し、努力し、その任務を立派に遂行したいという意志でがんじがらめになった状態のなかで生きた。誠実で真摯な彼は、祖父や曾祖父とは道徳上正反対の存在であった。その父フレデリック皇太子によって退廃と策略を嫌悪するように育てられたので、政治生活の道徳化のために闘う、善の擁護者と自称することを好んだ。この点で、彼はその時代とはまったく調和していなかった。ジョージ三世は祖父のもとで働いた使用人をすべて締め出し、全面的な信頼を彼の助言者、ビュート伯ジョン・ステューアトに置いた。

この四十八歳のスコットランド貴族は、幸運な結婚のおかげで巨額の財産を自由に使い、すべての選挙区を寄せ集め、議会において四五名の下院スコットランド議員と一六名の上院スコットランド議員の票を意のままに操った。一七六一年国務大臣となった彼は、ニューカースルが予算問題に関して下院で敗北、辞任した一七六二年には大蔵総裁となり、かくて名目上でも政府の首脳となった。厳しい廉直さに燃える国王とはるかに柔軟な原理を持つ政治家たちとのあいだで舵を取る能力が彼にあるのかどうか、明らかではなかった。不安定な時代が始まり、それを終わらせるのは、一二年間権力の座に就くことになる妥協の人、ノース卿であった。

I　不安定な政局からノース内閣まで

一七六二年、もう一つの事実が時代の変化を告げた。慣例に逆らって政界浄化が実施され、古いやり方に関わりすぎた人びとが排除された。大臣から一介の税関吏に至るまで、何百もの役職担当者が更迭され、しかも生贄となったのが主としてニューカースル公支持者たちであったため、この作戦を皮肉を込めて呼ぶのに「ペラム派の無垢な子供たち」(Pelhamite Innocents) の粛清という表現が生まれたほどであった。四〇年このかた政略を意のままにしてきたニューカースルは、こうした状況を理解せぬまま野党の立場に追いやられた。彼の政治生命は七十一歳で終わった。

しかし間もなくビュート卿と国王は、支持体制抜きで下院を運営することは不可能であると理解した。政党の不参加は、政府が提出する法案を支持するはずの信頼すべき安定した多数派の形成を妨げる。ニューカースルはこうした策略の達人であったし、その支持者の解体は、個々の利害の手に負えぬ寄せ集めに内閣が直面する結果となった。そのために、一七六二年十月、ビュート卿は、有能な政治家で下院において宮廷派を代表しうるヘンリー・フォックスと協約を結ぶことにした。この選択は逆説的であった。フォックスは実際、美徳や道徳の模範などではなかった。政治上の原則もなく、ただ一つの目的は蓄財であった。だが彼には個人的野心がなく、かつ非常に有能な人物であり、もし充分に報酬を与えられれば大きな仕事をすることができた。しかも軍事支払総監という彼の職務は、かなりの蓄財が可能であった。しかし一七六三年、ホランド卿の称号を得て、彼は上院に移った。

一七六二年、ビュート卿が受け継いだ主たる問題は、七年戦争の決着であった。国家は平和を望み、三一九対六五票で平和条約は圧倒的賛成を得た。同条約は巨大な植民地関連の利点をイギリスにもたらしたが、同時に莫大な国債をもたらしたため、ただちに租税を縮減することは不可能になった。支出に対処するため、ビュート卿は、間の悪いことに、リンゴ酒に課税しようと考えたが、それは国民の非難を掻き立てた。税そのもの以上に人気のなかったのは、徴収方法であった。消費に対する間接税(excise)はどれも同じで、こまごまとした行政管理を伴う厳しい会計監査を必要とした。それは私生活への専制的侵入と考えられた。世論の怒声は、スコットランド人ビュートが専横的体制を確立しようと望んでいると非難し、議会による課税決議にもかかわらず、いくつかの暴動やロンドン市(シティ)の請願のため、ついに政府は後退せざるをえなくなった。一七六三年八月八日〔他の資料によると、辞任は同年四月八日である〕、ビュート卿は辞任した。大々的に組織化された世論は、すでにイギリスにおいて政治生活の強力な一要因となったのである。

大蔵総裁ビュートの後継者、ジョージ・グレンヴィルは立派な管理者であったが、天分はなかった。彼もまた財政問題に直面し、もう一つの天秤皿のほうに働きかけ、すべての部門に関わる過酷な節約によって出費を削減した。さらに彼は、アメリカの入植者たちにもっと支払わせようとした。なぜなら最近の戦争は、部分的に彼らの利益を守るために行なわれたのだから、彼らが資金調達に協力するのは公平なことであった。あらゆる関税はいっそう厳しく徴収され、間もなく新しい税が鉛、ガラス、紙、イギリスから来た茶(一七六七年)に対して考案された。入植者たちは抵抗し始めた。

このような時期に、グレンヴィルはもはや権力の座にいなかった。一七六五年七月、厄介な裏取引ののち、ロッキンガム侯の内閣が作られた。実際、ニューカースルの仲間が復帰することこそ重要なのであり、そしてそのニューカースルは今や王爾尚書となった。安定した内閣の形成が不可能となる事態に直面して、ますます多くの政治家たちはウィリアム・ピットのほうに向かった。この偉大なる愛国者は、イギリスを勝利に導いたのち、高慢なやり方で引退し、痛風で身体をやられ、バース（Bath）に長く逗留していた。ロッキンガムから打診されたが、全面的な自由を持てそうもない内閣への参加を、彼は拒絶した。

ロッキンガムはまじめな人間で、彼の前任者たちの不人気な措置を抹消しようと試みた。リンゴ酒への税は、アメリカの入植者たちを激怒させた最近の印紙税と同じく、廃止された。だが何の効果もなかった。彼の内閣にはまとまりが欠けており、アメリカの入植者たちとの高まる緊張が強力な内閣を必要とするときに、大臣たちは互いに口論し合い、多数派は存在しなかった。一七六六年、一団の政治家たち――いわゆる「国王の友人たち」――は解決を模索するが、議会で唯一尊敬されうる天与の人物、チャタム卿ピットへの呼びかけ以外には、新たな救いを見出しえなかった。

今回、この大人物は折れることになるが、いくつかの条件を課した。それぞれの集団から、彼と個人的な結びつきのある何人かの人物を登用し、たとえば、グラフトン公を大蔵総裁に、コンウェイ将軍を国務大臣〔北部担当〕に任命した。チャタム自身はといえば、王爾尚書となった。しかし偉大なるピットの魔術は破れてしまった。上院に席を持つ彼はもはや、下院でその雄弁の才を発揮しえなかった。痛風は彼を苦しめた。彼の外交政策は失敗し、フリードリッヒ二世は彼の申し出を拒絶した。植民地では、アメリカ人たちが暴動に関する法令への協力を拒否した。経済政策においては、東インド会社が彼の改革案を退けた。うんざりしたピットは一七六七年春、ハムステッド（Hampstead）の自宅に引きこもり、大臣たちに難局の収拾を委ねてしまった。

三年間は混沌そのものであった。グラフトンは、ピットに対する忠誠心だけが唯一の共通点といえる大臣たちのあいだで、連携の形骸すら維持しえなかった。一七六七年九月、最も有能な人物の一人、財務府長官チャールズ・タウンゼンドが死亡し、一七六八年には、財政上の工作のため極度に不人気だった国務大臣〔南部担当〕シェルバーン伯が解任された。一七七〇年初頭には、大法官キャムデン卿がグラフトンとその同僚の政治を公然と攻撃した。彼は解任され、チャールズ・ヨークがその後任となったが、数日後に自殺する〔ヨークは一七七〇年一月十七日に任命されたが、同月二十日死亡した〕。野党側としても何一つ提案しえなかった。実際、野党は存在しなかった。多少組織化された唯一の集団はベッドフォード公を取り巻くものであったが、まったく力不足であった。一七六八年の選挙はウェストミンスタに、特定の地域の利害の寄せ集め（モザイク）にすぎぬ議会を送り出した。要するに、この国は統治不可能となったのである。

これこそ、批評家エドマンド・バークが一七七〇年の小論文『現代の不満についての考察』〔*Thoughts on the Causes of the Present Discontents*〕において指摘したことである。彼によれば、イギリスの政界は「セメント抜きの寄せ集め（モザイク）」〔'Speech on American Taxation', April 19, 1774〕のごときものである。自己に対する私的で個別的な執着のために集団を破壊してしまい、その辞任によって政界をばらばらにしたチャタムの態度を批判して、バークは、政党政治を推奨する。政治を行なうには、たとえそのために裏取引や妥協を余儀なくされるとしても、綱領と政治路線によって規定され、しっかりした構造の政党に依らねばならない。政党を超越したこの天与の大人物は例外的な状況においてのみ役立つのであり、公的事態の現在の管理は、必然的に政権党と野党とを必要とする。一七六〇年代のこうした危機においてイギリスは、民主主義の自覚という未来の事態をすでに経験したのである。

バークの論文と同じ年に、グラフトン公は気力をなくして辞職し、代わって大蔵総裁および首相の座に就いたのは、妥協の人物、ノース卿であった。彼は、好意的で迎合的なやり方、すなわち、次々と出てくる諸問題を個別的に解決するという実際的方法によって、合意(コンセンサス)を可能ならしめたのである。イートン、オクスフォード出の教養人で、フランス語、ドイツ語、イタリア語を解し、慇懃(いんぎん)で、すでに財務府長官としての実績を持つ、三十七歳の彼は、ウォールポールよりかなり困難な状況において、ウォールポールに相当する安定性を政権に取り戻すことになる。その大先達と同様、一二年(一七七〇〜一七八二年)ものあいだ、確固たる政治的原理もなく、微妙な問題に触れぬよう用心しつつ、時期を待ちつつ、妥協しつつ、ウィルクス事件のような扇動に譲歩することを拒みつつ、そして国王と緊密に協力しつつ、慎重に政治の舵を取っていく。

議会ではほとんど発言せず、毒のある二匹の番犬、ウェダーバーンとサーロウに挟まれた大臣席でたぬき寝入りを決め込み、皮肉な応答で攻撃を骨抜きにするだけだった。アメリカ独立戦争中に、大災難が次々と押し寄せるのに居眠りをしていることでアイザック・バレ大佐から非難され、激しく面罵されると、ノースは片目を半開きにして、「まったく！　できればそうしたいものですが」とだけ洩らした。

さらにウォールポールと似ていることは、ノース卿が財政問題を優先したことである。節約と租税の緩和とを実施することにより、一七七四年までは約七五〇万ポンドという妥当な金額で国家予算の均衡を持たせることに成功した。しかしそれ以降は、危機の台頭から目をそらすことは不可能となった。いかに妥協しても、いかに対決を避けようとしても、アメリカ独立戦争の勃発を阻むことはできず、それは彼の慎重な国家財政の運用を粉砕してしまった。やむなく公債を起こし、また一七七八年には住宅税や使用人税のような新税を作り出さざるをえなくなり、彼は、戦争の指揮における無気力と税制の圧迫の両面から非難される羽目になった。さらに、いっそう不愉快な状況は、イギリスがこのとき、新しい種類の異議申し立ての波、すなわち急進派運動に洗われたことであった。

II 急進派の扇動と小ピットの政治改革(一七九三年まで)

急進派の運動は、不合理性がますます明白になってきた選挙制度の硬直化に由来する、社会的かつ政治的不満の数々に根ざしていた。当初は拡散していた不満は、ジョン・ウィルクスが才気ある申し立て人となるや、一挙に白日のもとに出た。

カサノヴァとボーマルシェの合成物ともいうべきこの政治冒険者は、モルト醸造業者の息子で、華々しくて教養があり、才気煥発にして放蕩者、生来の扇動家であった。「業火クラブ」(Hell Fire Club)の会員で賭博人、しかも金持ちの彼は、エイルズベリ(Aylesbury)の議席を手に入れた。彼の唯一の明確な政治上の原則は、宮廷と内閣に対する大騒動を惹き起こすことであった。一七六二年、『ノース・ブリトン』(*North Briton*)誌を創設し、そこで激しく政府を攻撃した。「イギリスの出版の自由は、いったいどの程度なのでしょうか」とポンパドゥール夫人に訊かれると、「それこそ私が知ろうと努めていることです」と、ウィルクスは答えた。

その機会は間もなく訪れた。一七六三年四月二十三日、聖ジョージ祝日の「第四五号」において、ウィルクスは国王の演説を虚偽と決めつけた。『ノース・ブリトン』はすぐさま発行停止となり、ウィルクスはロンドン塔に送り込まれた。

これこそまさに、彼が求めていたことであった。一七六三年五月、彼は訴訟をあたかも演壇のように利用し、大貴族の圧政としてその姿を現わす権力に対して華々しい攻撃を浴びせかけた。ウィルクスは庶民と小貴族を擁護し、また当選者に対する議員特権を要求した。扇動的中傷文および猥褻文書に関して有罪とされた彼は、下院から除名され、フランスに亡命した。公権を剝奪されたことは、彼の人気をいっそう高めることにのみ役立った。

一七六八年、さらにいっそう扇動的になって再登場した彼は、ロンドン市における国会議員選挙では敗北したが、ミドルセックス州では、無節操に、厚かましさと才気だけで選挙運動を行なった〔ミドルセックスでは、一二九二票の最高得票で当選した〕。悪魔に投票するほうがまだましである、と彼に向かって断言した有権者に対しては、慌てる様子もなく、こう答えた。「もちろん。でも、もしご友人が出馬されなかったら、私に投票していただけますかな」。

この急進派の選挙区から当選すると、彼は投獄され公権剝奪の判決を下されることを執拗に懇願した。思惑どおり、殉教者に昇格した彼がマンスフィールド〔ウィリアム・マリー〕首席裁判官の前に召喚された際には、彼を支持してあちこちで暴動が増えた。こうした騒ぎは、ロンドンの労働者や職人たちにとって厳しい年となった一七六八年と一七六九年において、その頂点に達した。船頭やガラス屋、水夫、帽子屋、波止場労働者たちのストライキが目撃された。彼らすべてにとって、ウィルクスは英雄であり、既成の秩序に対する異議申し立ての象徴であった。対立は激しく、時には人命が奪われるほどであった。

一七六九年二月、ウィルクスは下院議員の権限を剝奪されるが、すぐに堂々と再選された。また権限を剝奪されて再選され、こうした繰り返しが四回も続くと、憲法上の問題が持ち上がってきた。すなわち、一体全体、議会は有権者たちの選択に反対する権限を有するのか、という問題である。またもやウィルクスは、個人の事件を国民の問題とすることに成功した。これこそ彼の強みであった。なぜなら、多くの人びとは、彼に対して好意を持たなくても、政府が越権行為を行ない、独裁的姿勢を示している、と考えたからである。だがこれに対して、ヘンリー・フォックスの三男のチャールズ・ジェイムズ・フォックスは、その初めての注目すべき発言において、議会の独立性を主張し、それは国王の圧迫からもまた民衆のそれからも護られるべきである、と弁じた。

一七六九年二月、ウィルクスはさらに一歩を進め、急進的反対派がいっそう力強く発言しうるよう、一つの組織を作り上げた。すなわち、司法制度改良を推奨する、人権擁護のための協会[1]を創設したのである。

（1）権利章典支持者協会（Society of the Supporters of the Bill of Rights）。一七七一年、ジョン・ホーン・トゥック（John Horne Tooke, 1736-1812）は、そこから分裂して憲法協会（Constitutional Society）を設立した。一七八〇年、ジョン・カートライト少佐は立憲思想普及協会（Society for Constitutional Information）を設立した。

一七七一年、すでにロンドン市参事会員に選出されていたウィルクスは、もう一つの訴訟を起こした。すなわち、下院における討論を公表する権利を求めての訴訟であり、彼は、議会における審議の一部を新聞などに載せた廉（かど）で下院議長（スピーカー）の要求によって追及されたジャーナリストたちをロンドン市内で保護しようとした。一七七四年、ウィルクスはロンドン市長に選ばれ、事実上、訴追されることがなくなった。この驚くべき人物のなしたきわめて重要な貢献は、少数の大土地所有者によって独占されてきたイギリスの政治生活のなかに非有権者たちの声を届けたことである。これによって彼は、庶民の欲求不満を減らし、イギリスにおける新たな革命をたぶん避けることになる安全弁を創り出したのである。

なぜなら、人心の動揺は、この時期においてフランスと同様、イギリスにおいても大きかったからである。一七六七年から一七七二年まで、謎めいた匿名の『ジューニアス書簡』［Junius の正体は、サー・フィリップ・フランシスとされている。本書第三章II参照〕が出版され、権力の座にある人びとを、私生活に至るまで容赦せず、残忍に攻撃した。一七七九年から一七八〇年にかけては、アメリカ独立戦争の敗北と財政負担の加重に伴い、ウィルクス一派は新たに発言し、さらに北部では、ジェブ博士とワイヴィル師に指導された異議申し立ての運動が郷紳の委員会を創設し、政府に対する請願運動を組織した。シェルバーンとロッキンガムに率いられた野党はこの運動を取り込もうと企て、一七八〇年四月六日、議員ジョン・ダニングが、「王室の影響力は増大してしまっており、今なお増大しつつあるので、縮小されねばならない」と明言する決議案を提出し、同案は二三三対二一五で可決された。その直後、下院は王室費の調査を決議する。

同時にロンドンの委員会は男子の普通選挙権と、立法と行政の完全な分離とを要求した。こうした熱狂は、ゴードン事件と結びついた。移り気で、騒々しい青年、ジョージ・ゴードン卿は、一七八〇年六月二日、カトリック教徒に反対するプロテスタント教徒の請願を議会に提出しようとする示威行進の先頭に立った。こうした行動は、スコットランドにおいて多少の信仰の自由を確立しようとする法案によって挑発されたものであった。夕方には群衆はふくれ上がり、物乞い人や最下層の集団など、さまざまな種類の民衆が加わって、略奪や放火を始めた。軍隊の躊躇は、民衆のこうした氾濫を助長するだけであった。示威行進は暴動と堕し、ロンドンは一週間、暴動に翻弄された。ゴードンの暴動(Gordon Riots)は四五八人の死傷者を出し、六月十二日になってようやく秩序は回復された。五九名が死刑の宣告を受け、そのうち二一名が処刑された。ゴードンは一七九三年、獄死した。

(1) 一七七八年に成立した、新兵募集の条件を国王への忠誠のみとする法を一七七九年、スコットランドにも拡大しようとする提案がなされた。これに対して長老派(Presbyterians)と低地人たちは反対し、ついに法案を撤回させた。

ジョージ・ゴードン卿は、このスコットランドの対応を模倣したプロテスタント過激派の指導者であった。

このように、バスティーユ奪取の九年前に、イギリスは革命の寸前であったようにみえる。しかしこの動きは表面的であった。経済的にも社会的にも、深い根はなかった。フランスにおける状況とは逆に、イギリスにおける支配階級は統一されていた。貴族階級も中産階級も同じ活動に従事し、富を分かち合った。ほんの一刻、急進的ウィルクス派と連帯する気になった反対勢力は、民衆の爆発にたじろぎ、ノース卿支持にまわった。ノース卿は一七八二年三月二十七日に辞職するが、それは急進派の騒乱のためではなく、アメリカ独立戦争の惨憺たる結果のためであった。

一二年間の内閣ののちにノースが退陣したことは、不安定性の危機をふたたび生じさせた。ロッキンガムは混成の構成員によって権力の座に戻った。彼自身が大蔵総裁、フォックスとシェルバーンが国務大臣、バークが軍事支払総監となった。この職務に就いたバークは、公金の正確な会計報告を最終的に総監に義務づける法案を議決させた。また王室費をさらに厳格な方法で規制する法案も採択させた〔Civil Establishment Act〕。

一七八二年七月以降、内閣は瓦解した。フォックスは辞職し、ロッキンガムは死亡した。国王はその後任としてシェルバーンを指名したが、彼は一七八三年二月、アメリカ独立戦争終結の平和条約条項に関する下院議決において敗北したため辞職した。その後任となったのは、シェルバーン打倒のために結合した、フォックスとノースに率いられる連立内閣であった。

新内閣は国王の気に入らず、さらに君主の大権に対する侵害と考えられるようなインド改革案〔フォックスのインド法案〕を提議することによって、事態を悪化させた。しかしジョージ三世は今や、新しい人物、すなわち最近の策謀で評判を落としておらず、その名前だけで多数派を糾合しうる人物、ウィリアム・

ピット（小ピット）を手中に収めた。一七八三年十二月、この王朝の発足以来前例のない強権発動により、国王はフォックス＝ノース内閣を解任したため、下院が抗議決議を可決する事態となった。ハノーヴァ家の王位継承以降、事実上初めて国王は下院の多数派と直接対立し、このインド法案を棄却し、[1]内閣首班にウィリアム・ピットを指名した。一七八四年三月、議会の反対をものともせず、ジョージ三世は下院を解散する。選挙民は、フォックスの改革案に不安を覚え、大部分がピットに賛成する多数派をウェストミンスタに送ることにより国王の措置を認めたのであった。

（1）国王の圧力により、同法案は上院において否決された。

二十四歳の小ピットは爵位もなく、イギリス史上最年少の首相となった。完璧な廉直さと生来の大いなる威信を備えた、父の名を辱しめぬ息子として、すでに財務府長官の役職を務めていた彼は、国王の支援を得て、さらに力を発揮することになる。なぜなら、ジョージ三世は、政局の不安定とフォックスの危険な計画を避けるために、ピットを必要としたのである。下院議員たちについて言えば、彼らの支持は、ヘンリー・ダンダスの指導下にあるスコットランドの議員たちを除くと、無条件ではなかった。父親の場合と同様、ピットもまたいかなる組織化された党派も頼りにせず、このことは彼の強みでもあり、同時に弱みでもあった。議会は彼の行為に対して判断を下し、彼の法案のいくつかを否決したりした。

小ピットの方法は、広い明晰な視野を養うことになる、事実の充分な認識、すなわち統計に基づく正確な情報に依存していた。内輪の者たちだけで仕事をし、閣議においてよりも私的な会話によって人びとを自分の意見に引き寄せた。忍耐強く、友人たちに忠実な彼は、そのまじめさと上院における議席の公正な配分に魅せられた実業界を味方に付けた。彼にあって、内閣の連帯という観念は決定的な進歩を遂げた。大臣たちは彼と個人的に結びつき、そしてその最初の内閣は、それほど改造されずに、一〇年以上（一七八三年十二月〜一七九四年七月）も続くことになった。そこには、ゴア、サーロウ、テムプル、ハウ、ラトランド、リッチモンドなどの、貴族たちしかいなかった。

対フランス戦争勃発までのこの内閣の第一段階はもっぱら、改革に当てられ、そのなかの大部分は財政管理の改善を目標とした。大蔵省官吏にはさらにいっそう大きな効率性が要求された。すなわち、租税の遅滞はただちに督促され、もはや収税吏たちを太らせることにはならなかった。間接税の制度は簡素化され、項目は六〇から一二に削減されて、作業と人員の節約を可能にした。国王の王室費は、その後それぞれの金額の用途を明示し、毎年議決されることになった。

職務に就いたピットは、予算が巨額の国債の重荷を背負い込んでいることを発見する。アメリカとの戦争は一億ポンド以上もの出費となり、国債の支払は九〇〇万ポンドにおよび、年間支出の半額にも達した。一七八六年、減債基金委員会は、毎年一〇〇万ポンドの国債を買い、その受け取り利子を利用して、翌年また新たに国債を買うように命じられた。

ピットとフォックスとの対立は、政治上の原則ではなく、人格の問題に起因していた。彼らの同時代人ジョージ・セルウィンが書いているように、フォックスには三つの優先事項があり、重要度の順に並べると、賭博、女性、そして政治となった。知性的で好事家（ディレッタント）のこの洒落者は実際、政治を賭博と見なしていた。彼は、一七八三年には二十一歳であった皇太子——将来のジョージ四世——に決定的な影響を及ぼし放蕩に引き込んだため、道徳的なジョージ三世の激しい憎しみを買う羽目になった。

一七八八年十一月、国王が狂気の最初の発作に襲われたとき、この対立はきわめて重大な問題となった。ピットの立場の脆弱さがそこで明るみに出されたのである。もし皇太子とその放蕩者一派が権力を奪い取るとすれば、それは内閣に関してなのであるから。ピットは、この発作が一時的なものであろうと判断し、下院に次のような決定をさせた。すなわち、皇太子が摂政に就くに際して、さまざまな役職者の任命を行なう場合、少なくとも一年間は議会の批准を要するという条件を付けたのである。

一七八九年二月、国王は回復した。政府は通常の運行を取り戻すが、一七九三年二月に至って、ジャコバン主義のフランスに対する大戦が勃発する。それ以降、一八一五年まで、内閣に課せられた最優先事項は、ヨーロッパにおける戦争であった。

III　スコットランドおよびアイルランド情勢

一七〇七年の連合法（Act of Union）以降、スコットランドとイングランドは、大ブリテン連合王国（United Kingdom of Great Britain）の名称において結合されてきた。すなわち両者は、単一の君主、ロンドンにある単一の議会（スコットランドはそこに四六名の下院議員と一六名の上院議員を送っていた）、同一の租税、財政、通貨制度を持ちながらも、スコットランドは、長老派の信仰と独自の司法制度を維持することになった。

一七一四年、スコットランドではイギリス全土の人口のほぼ七分の一を占める一〇〇万の住民が、主として低地帯（ロウランズ）に集中していた。そこでは首都のエディンバラですら人口は三万六〇〇〇人を越えず、グラースゴウはかろうじて一万三〇〇〇人を集めていた。農地制度は旧式で、帯状の耕地が、大きな荒地によって分断されているのが特徴であった。生産性は弱く、一七四〇年と一七六〇年には飢饉すらあった。工業と商業は、ウェストミンスタの立法によって一世紀間抑制され、連合法によってもたらされた機会の均等から利益を得る時間がまだなかった。

高地帯(ハイランズ)はまだ荒涼たる広がりで、道路もなく、牧羊の山地は氏族(クラン)の手にあり、彼らはおおかた、行政の管理を免れていて、低地帯における略奪襲撃を、はばかることなく行なった。氏族の首領たちは、小作人たちに兵役奉仕を要求し、数世紀来の兄弟殺しの戦闘を続け、これらの荒地では不安が広がっていた。一七三四年に死んだ、有名なロバート・マグレガー、別名ロブ・ロイは、子分たちから巻き上げた身代金と略奪襲撃によって暮らし、一七二二年に逮捕され、やがて赦免されるという生涯を過ごし、この地域における法の無力さを例証した。

氏族たちの帰順はロンドンにとって、彼らが家系上の忠誠心から、あるいはハノーヴァ家に好意的な他の氏族たちとの対抗心から、ジェイムズ二世派にとって常連の得意先となっているだけに、ますます重要な必要事となった。一七四五年の遠征は、こうした危険を実証していた。さらに、フランスとの「古い盟約」(Auld Alliance) の記憶も消えてはおらず、戦争中でもルイ十五世の艦隊は、フォース湾 (Firth of Forth) への海路を回復しようとしていた。

高地帯の管理には、軍隊が前哨地に容易に侵入しうるよう、まず道路網を拡大することが前提となった。一七二五年以降、ダンカン・フォーブスとウェイド将軍は、高地人の六中隊を編成し、タータンのキルト着用を認め、彼らを道路建設のために雇った。一七二六年から一七三七年までに、四〇〇キロメートルの道路と四〇の橋が造られ、スターリングとパース (Perth) をフォート・ウィリアム (Fort William)、フォート・オーガスタス (Fort Augustus)、そしてインヴァネスに連結した。この世紀の終わりまでには、さらに一三〇〇キロメートルが付加されることになる。

一七四五年の反乱後、氏族制度の廃止は系統的なやり方で企てられた。一七四七年五月と六月の法令は、氏族の首領たちの私的裁判所を廃止し、かつ彼らが軍事奉仕を強要することを禁止した。州長官と巡回裁判というイングランドの制度が、スコットランドにまで広げられたのである。おもな反逆者たちの土地は没収され、長老派聖職者は国王への忠誠を義務づけられ、キルト着用と武器の携帯は、イングランド軍に統合されたスコットランド連隊、すなわち、道路建設のためウェイドにより集められた男たちで編成された高地連隊（ブラック・ウォッチ）以外では、禁止された。この高地連隊は、フォントノワ（Fontenoy）で初めてその名を馳せることになる。

高地帯の英語化も企てられた。没収資産の一部は、企画推進のために活用された。学校が村落に創設された。一七五八年には、キリスト教知識普及協会（Society for Promoting Christian Knowledge）だけで一七六校を管理した。人跡まれな地域では、巡回学校が英語を広め、一七七三年のジョンソン博士のことば〔Johnson57〕によれば、その力は急速に進歩した。

低地帯では、農耕が数人の大土地所有者と農業知識改良者協会（Honourable Society of Improvers of the Knowledge of Agriculture）のおかげで改良される。亜麻と羊毛の織物工業が発展し、エディンバラに定着したピカルディ地方〔フランス北部〕の人たちのように、外国人の移入を伴うことも、時にはあった。一七四九年、ロウバックはプレストンパンズに漂白工場を設立した。グラースゴウは、イングランドの港湾と対等となることによって、充分に利益を受けた。一七二三年から一七八三年までに、グラースゴウの保有船舶は六七隻から三八六隻、また五六〇〇トンから二万二九〇〇トンとなった。タバコの輸入では、ブリストルとリヴァプールを上回った。

連合王国のもう一つのケルト圏であるアイルランドの状況は、はるかに微妙であった。イングランドとの過去の葛藤は、十七世紀を通じての過誤の積み重ねにより複雑になった重い係争を残していた。ロンドンの目に映るアイルランドは、あらゆる危険の可能性を具現していた。すなわち、カトリック信仰、ジェイムズ二世派、フランスびいきの、そして羊毛と食肉の生産地の、アイルランドは、宗教上、政治上、そして経済上の脅威であった。

アイルランドに課せられた政体が、合同した国民の政体というよりも植民地のそれに類似していたのは、そのためであった。ダブリンの城館には、ロンドンによって任命されたアイルランド総督が駐在した。実際には、厄介者となった大臣の追放先であったこの役職にみずから赴任する者は、きわめてまれであった。ジョージ一世および二世の治下、四六年のうち一六年しかアイルランド総督は在住しなかったし、タウンゼンドやサンダランドのような人たちは、連絡船に乗ることさえしなかった。総督不在時に行政府を代表するのは、控訴院判事であった。

ダブリンの議会は三〇〇人から成る会議であったが、意義も権力もなく、一握りのイングランド人土地所有者たちによって選ばれ、ロンドンの枢密院の認可がなければいかなる法律も可決しえなかった。選挙はめったになく、ジョージ二世の三三年間にたった一度だけであった。

経済上の発展は、イングランドの利益保護を目的とする規制によって全面的に麻痺させられていた。そのため、一七五八年までは、アイルランド人が育成栽培した産物をイングランドまたはその植民地に輸出することは禁止されていた。この禁止が解除されるのは、イングランド製品が不足したときのみであった。同様の禁止は、イングランドおよびヨーロッパ大陸向けの羊毛にも課された。帆布などアイルランド産亜麻布の製品の輸入に際しては、きわめて高い関税が徴収された。

このような状況下で土地所有者は農耕に興味を失い、農業は危機に瀕した。農法は時代遅れで、収益も低かった。飢饉の年も、一七二六〜一七二九年、一七四〇〜一七四一年など、まれではなく、とりわけ後者の場合は、ひどい飢饉であり、何ら関心を払われることなく、おそらく四〇万人が餓死した。なぜなら、一七五五年のリスボン大地震の犠牲者救援のために一〇万ポンドも集めることになるイングランド人たちは、このときアイルランド人たちに何一つ救いの手を差し伸べなかったのであるから。

希望のない反抗をするよりも、アイルランド人たちは海外移住を選んで、とりわけフランスに向かい、一六九一年から一七四五年までの半世紀間に、四五万人のカトリック教徒たちがフランス軍のアイルランド旅団に入隊した。

というのは、母国にあって教皇主義者(ペイピスツ)たち〔カトリック教徒への蔑称〕は何一つ権利を持たなかったからである。しばしば土地は奪い取られ、また法律に関わるようなある種の知的職業(プロフェッション)に就くことも彼らには禁止されていた。彼らは、三〇〇〇人のカトリック聖職者と五四九のカトリック学校を維持するだけではなく、イングランド国教会聖職者に十分の一税を払わねばならなかった。一七二四～一七四二年にかけて、アイルランドのイングランド国教会大主教ヒュー・ボウルターは彼らを改宗させようと全力を尽くしたが、大した成果は得られなかった。こうした二〇〇万人ものカトリック教徒たちのほかに、アルスターには長老派の共同体(コミュニティ)があり、さらにイングランド系アイルランド人の小集団があって、彼らだけが選挙権と被選挙権を与えられていた。

イギリス政府にとって、アイルランドはもう一つ別の有用性を持っていた。アイルランドの秩序を維持するという名目のもとに、ロンドンは、アイルランド人の費用によって、アイルランドに常備軍を配備していた。イギリスの国民が平和時における国王軍の存在をつねに拒否し続けていたので、必要があれば、イングランドにでもどこにでも、ただちに派遣しうる軍隊であった。

唯一の活発な都市はダブリンであって、その外観は、今日もなお多く残るジョージ王朝風建造物が示しているように、十八世紀において、かなり改善された。文化的生活も、その劇場やコンサート・ホールなどによって、盛んになった。ヘンデルはその『救世主』(*Messiah*)の初演をここで行なった〔一七四二年〕。文学者のサークルもいくつか生まれ、そこに出向けば、スウィフト、バークリー、スケルトン、ブルックなどに会うことができた。

世紀末の戦争に伴って、深刻な騒乱が再現することになった。戦争によってフランスが、イギリスに対する不満の種を掘り起こしてアイルランドを牽制作戦の舞台として利用しうるようになったからである。アメリカ独立戦争のあいだに、ノース卿はその危険を察知し、土地所有者たちの好意をかちえるために、アイルランドの貿易に課せられていた拘束を取り除こうと提案していたが、イギリスの利益との対立が彼の計画を挫折させてしまった。彼はそれにもめげず、一七八〇年、植民地との通商の自由、すなわち羊毛とガラスの自由輸出、および近東(Levant)地方との通商への参加を認めた。

これは姑息なやり方であり、権利の要求を促すことになった。一七八二年、アメリカ独立戦争の際のアイルランド志願兵の代表たちは、ダブリンの議会について立法上の独立を要求し、その独立は、ウェストミンスタの立法が自動的にアイルランドに適用される一七一九年の法の撤廃という形によって与えられた。だが、この新たな譲歩は不信の念をもって受けとめられたため、ロンドンの議会は、アイルランドの法廷からイギリスの法廷への上訴を廃止することによって、アイルランド議会の独立を宣言する新しい法律を可決せねばならなかった。

革命期のフランスとの大戦勃発とともに、アイルランド問題は一七九三年、前面に再浮上した。ダブリン議会議員の一人、ヘンリー・グラタンは、すでにアイルランドの立法上の独立を求める運動の先頭に立ってきたが、同議会に対するカトリック教徒たちの支持を得るために、今や彼らのための解放政策を要求するようになった。これはまさに過敏な問題点であり、全員が国教徒であるアイルランド人議員たちをも二分した。アイルランド急進派が形成され、フランス軍の上陸が行なわれそうであっただけに、状況はいっそう微妙であった。アイルランドの世論を再結集させるために、ピットはダブリン議会に圧力をかけ、その結果、一七九三年四月、カトリック教徒たちにも平等な選挙権を認める法が可決された。

この成功と新任のアイルランド総督フィッツウィリアム伯の好意的な態度に勇気づけられ、グラタンは次いで一七九五年、カトリック教徒の全面的解放を要求した。今回はジョージ三世がみずから反対した。戴冠式の誓約によって護らざるをえないプロテスタント教徒たちの利益に強く関わっていたため、国王はフィッツウィリアムを召還せしめた。アイルランドのカトリック教徒たちにとって、これは耐えがたい一撃であり、騒乱は拡大し、同時にアルスター急進派は統一アイルランド人連盟（United Irishmen）を結成して、抵抗を組織化した。ベルファーストの弁護士シオボールド・ウルフ・トウンは、アメリカとフランスに赴き、アイルランドの大義名分を主張した。

一七九六年におけるオッシュ将軍の上陸準備作戦によって、そして一七九七年、アイルランドへ向かうフランス小部隊がウェールズ南部で撃滅されるに及んで、危機は明白になった。一七九八年、アイルランド総督キャムデン卿がアルスター急進派を武装解除しようとしたため、反逆は一挙に噴出した。ウェクスファド（Wexford）〔アイルランド南東部〕は反乱者たちに占拠され、他方、アンベール将軍率いる九〇〇名のフランス兵は、トウンに率いられた別の小集団と同じく、北西部に上陸した。だがキャムデンは、この状況を救うことに成功した。ウェクスファドは奪回され、反乱者たちは六月二十一日、ヴィネガー・ヒル（Vinegar Hill）で撃破され、フランス軍は撃退され、トウンは逮捕された。彼は獄中で自殺する。

危機的状況がますます切迫してきたため、この間ずっとウィリアム・ピットを首相としてきたイギリス政府は、アイルランド問題を、彼らの考えでは、断固たるやり方によって片づけようと決心する。その解決法は、二つの国の連合であり、その解決法に対してはピットのみならず、アイルランド総督のコーンウォリス、アイルランド長官のカースルレイ子爵（のちのロンドンデリー侯）、それにイングランドとの連合が宗教上の解放を伴うことを期待したアイルランドのカトリック世論も、賛意を表わした。かくして一八〇〇年にダブリン議会は、一五八対一一五票で我が身の解消を決議したのである。[1]

（1）これによりアイルランドは、ロンドンの議会に議員（下院に一〇〇名、上院に聖職貴族四名を含め三二名）を送ることになった。

ピットの考えでは、連合法のあとにはカトリック教徒解放政策が続くべきものであった。しかし彼は、イギリスにおける反カトリック感情の力を過小評価していた。彼自身の内閣ですら、何人もの大臣たちがこの考え方に敵意を抱いていた。国王はといえば、もはやカトリック教徒たちは危険な存在ではないと指摘するピットの説得にもかかわらず、微動だにしなかった。一八〇一年三月十四日、ピットは辞職し、同時にカースルレイ、ダンダス、グレンヴィル、コーンウォリス、スペンサー、ウィンダムも辞職した。

アイルランド問題はかくして、ジョージ王朝時代の最も注目すべき大臣たちの一人の失脚をもたらし、イギリス政府の生命を毒してやまなかった。一七〇七年以降、スコットランドについて起こったこととは逆に、一八〇〇年の連合法は、アイルランド問題をロンドンに移し、独立への闘争に新しい局面を開いたのである。

第三章　外交および植民地政策――制海権からアメリカの喪失まで

一七一三年のユトレヒト条約は、ヨーロッパの列強の一員としてのイギリスの地位を不動のものとした。主導権を失い疲弊したフランス、没落が続くスペイン、もっぱらヨーロッパ大陸における野望を抱き多様な断片から組成されているオーストリア、バルト海の支配をめぐってスウェーデンとの大紛争に忙殺されているロシア、そしてまだ軍事力を作り上げていないプロイセンなどと相対したジョージ一世の王国は、かつてないほど無視できない調停者の立場にあった。この時期以降、イギリスの政策は、両天秤政策と、情勢に応じて変化する同盟の駆け引きとによって、ヨーロッパ大陸における勢力均衡を確保することに向けられた。

他方、ウォールポールの失脚までの約三〇年間、イギリスは平和政策を採るが、それは、一つには、イギリスの孤立によって余儀なくされていたのであった。一七四一年、イギリスが戦争に突入せざるをえなくなったのは、通商上の利害関係のためであり、この瞬間から紛れもなく、通商上の覇権をめぐる闘争が始まったのである。それでも七年戦争までは、主要な作戦地域の選択に関して不確定な要素があった。すなわち、ヨーロッパ大陸なのか、それとも海洋なのかである。そのことが、多くの躊躇や過誤や敗北の原因となった。十八世紀の戦争は、イギリスにとって、途切れることのない凱旋行進からは程遠いものであった。勝利と敗北とは長いあいだ、相なかばしており、政府は、フランスとスペインのいずれが主要な敵対国なのか、なかなか見極められなかった。フランスとの抗争を決定的に方向づけ、それを海上および植民地の覇権をめざす一大闘争として提示したのは、ほかならぬウィリアム・ピットであった。一七六三年のパリ条約は、イギリスを世界制覇へ導く主要な一段階となった。

I　世界規模の外交政策（一七一四〜一七六三年）

一七一四年にジョージ一世が即位したとき、スペイン継承戦争の同盟国オランダとオーストリアは、ユトレヒトにおいて見捨てられたことを快く思わなかったので、イギリスは外交上孤立していた。しかし間もなく、共通の利益が勝ちを制し、一七一六年二月と五月には、二つの同盟条約が、まずオランダ人たちとのあいだで、次いでラシュタット(1)（Rastadt）で獲得した利点の保証と引き換えに新王朝を維持しようとする神聖ローマ帝国皇帝とのあいだで、締結された。

（1）一七一四年、オーストリアとフランスはこの地で条約を締結し、スペイン継承戦争を最終的に結着させた。

それと平行して、フランスにおける政権の変化が、敵対する二つの国の和解を促すことになった。虚弱なルイ十五世が死亡した場合に国王となる摂政（レジャン）〔Philippe, duc d'Orléans, 1715-23〕にとっては、ルイ十四世の孫、スペインのフェリーペ五世に二つの王冠の統合を禁じたユトレヒト条約の遵守を確約することが絶対に得策であった。そこで彼もまた、ハノーヴァ家支持に傾いたのである。一七一六年十一月、英仏条約が調印され、一七一七年一月にはオランダを加えて三国同盟となり、この三国は一四年間にわたってヨーロッパの安定の基盤の一つとなった。

この時期の当初、敵国はスペインであり、この国は、「アシエント」(Asiento)、すなわち、スペイン領アメリカ植民地における奴隷売買の特権と、「許可船」(Annual Ship)、すなわち、スペイン領アメリカにおいて一隻分の商品を売りさばく機会および同地が提供する密輸入のあらゆる機会を、イギリスに譲り渡してしまったことを承認しがたく感じていた。

一七二一年以降、ウォールポール内閣は鎮静化を優先した。ウォールポールの義兄弟のタウンゼンドの指揮のもと、外交政策は通商の利益となるよう、交渉を重視した。しかし実業界は、一七二二年に神聖ローマ帝国皇帝によるオステンド会社、すなわち、インド、中国、そしてアフリカとの大通商を目的とするオーストリア領ネーデルランドの皇帝会社が創設されたことに不安を抱いた。

イギリス、フランス、オランダの各インド会社の禁猟地として考えられてきた羨望の地域へのオーストリアのこうした侵入は、そのあとオーストリアとスペインのあいだに一七二五年、条約が結ばれるに及んで、さらに憂慮すべきものとなった。フランスにとってこの同盟は、カール五世時代の包囲網の古い脅威を再現させ、帝国内のオーストリアの威力を強めた。ハノーヴァの安全を見張っているジョージ一世がその選帝侯領への旅にタウンゼンドを同行し、タウンゼンドが一七二五年九月三日、イギリス、フランス、プロイセンを反オーストリア同盟の形で再結集することに成功したのも、そのためであった。

一七二六年、脅威は明確になった。プロイセンは豹変してオーストリアの約束に引き込まれるがままになり、他方、ロシアもまたウィーン陣営にふたたび加わることになったからである。その結果、スペインの大臣、リペルダは大胆になり、ジブラルタル(Gibraltar)攻撃を準備した。イギリスは予防措置として、アメリカ産銀を持ち帰るスペインの昔ながらの船団を阻止すべく、アンチル諸島へ艦隊を急派し、スペイン沖にも別の艦隊を派遣した。

しかしウォールポールは戦争を望まなかった。軍事行動は推進されず、一七三〇年、彼はハプスブルク家との和解に反対したタウンゼンドを更迭し、スタノプ〔ハリントン〕を任命した。スタノプは一七三一年三月、皇帝〔カール六世〕とウィーン新条約を締結することに成功した。この条約によりオステンド会社は廃止され、この二つの強国は相互にその所有地を保証したのである。

一七三〇年代になると、イギリスとスペインのあいだの議論は激化した。アンチル諸島での小競り合いは倍増した。一七一三年から一七三一年までに、スペインの沿岸警備艦は、密輸入の廉(かど)で一八〇隻のイギリス船を没収し、過酷な点検が倍増した。イギリス人水夫は痛めつけられた。ロンドンで商人たちの怒りが頂点に達したのは、ジェンキンズ船長が一七三八年、議会において、彼の船が略奪され彼自身も片方の耳をそがれたことを語ったときであった。彼はそのような状況において、「自分の魂を神に、そして自分の大義を祖国に、委ねた」と付け加えた。教皇主義者で狂熱的な地中海人間たちや異端審問と反啓蒙主義のこの国に対する憎悪、スペイン無敵艦隊(アルマーダ)撃滅〔一五八八年〕の叙事詩の愛国的追想、そして植民地上、通商上、財政上の利害関係と混ざり合った、反スペイン感情が、ウィリアム・ピットの朗々たる演説によって高揚させられた。

まったく不本意ながら、ウォールポールは主戦論者の流れに譲歩せざるをえず、一七三九年十月十九日、民衆の歓喜のうちに宣戦布告がなされた。だが失望が希望と呼応することになる。四半世紀もの平和と予算経済は、軍事力をゼロ同然の状態にまで縮小していた。十七世紀以降、国王の手中にあれば潜在的に専制政治の具となると一般に考えられてきた常備軍は、秩序の維持のための厳密な最小限——約一万六〇〇〇名——にまで縮小されていた。戦時下において、一七四五年に七万四〇〇〇名の最大数を得るには、アイルランド徴兵を呼びかけ、オランダ、ハノーヴァ、ヘッセ＝カッセル（Hesse-Kassel）の軍隊を借りねばならなかった。

イギリスの兵員徴募には欠陥があった。志願兵は最下層民の出身であり、戦時下においては、水兵強制徴募隊(プレス・ギャング)による強制募兵に依存していた。兵舎不足のため、兵士たちを旅館に宿泊させなければならず、旅館主は一日四ペンスで食事を用意しなければならなかった。このような分宿状況は、兵士たちの規律にも訓練にも有害であった。しかも彼らは、当初からほとんど動機づけをされておらず、また無能な士官たち――その地位を金銭で買うか情実で入手した――によって見当違いの指揮を受けていたのである。

中央の行政は、相互の協調抜きのまま、多くの権限に分割されていた。陸軍事務長官が戦時下において総括的な作戦と戦闘計画を指揮し、支払は軍事支払総監によって保証されたが、この役職者は私利私欲に汲々としていたのであった。

このような部隊の純粋に軍事的な水準は、その隊長たちのそれを始めとして、凡庸なものであった。カムバランド公が有能であると分かるのは、疲れ果て、さらに劣悪な指揮官をいただいた数千のスコットランド兵とカロデンの荒野で対戦したときだけなのであって、ヨーロッパ大陸における大戦闘のさなかでは、とうていサックス元帥のライバルとはなりえなかった。七年戦争のあいだ、イギリスのために戦った混成部隊を指揮したのは、とくにフリードリッヒ二世によって任命されたプロイセン人、ブラウンシュバイク公フェルディナントであった。唯一の注目すべき改良は砲撃部門であり、一七四一年ウーリッチ(Woolwich)の軍事学校〔Royal Military Academy〕の創設により、砲兵連隊の士官たちが育成された。

一七三九年においては、海軍のほうも大差なかった。兵員は一万にまで減り、使用可能の大砲を五〇門以上装備した艦艇は八〇隻しかなく、管理運用は複雑だった。一七四四年まで海軍大臣ウィンチルシー卿が長となっていた部局の構成員たちは、彼同様、海軍については何も知らなかった。その後ベッドフォード公、さらにアンソン卿の着任が、明確な改良を促すことになった。

艦隊指揮は一七三九年には、九名の小心な老海将たちによって固められていた。イギリス海峡艦隊を指揮したノリスは七十九歳であった。イギリス海軍に活力を与えることになる新しい世代は、ジョージ・アンソンによって指揮され、彼は一七四一年から一七四四年にかけて、ドレイクの航海を想起させる、めざましい世界一周航海を行なった。彼は、スペイン人たちから奪った五〇万ポンド分もの戦利品だけでなく、貴重な科学的情報をも持ち帰った。さらには多くの士官たちがその遠征のあいだに優秀な海将となるために必要な経験を積み、そのなかからソーンダーズ、ハイド・パーカー、ケッペル、キャムベルなどが輩出したのである。

乗組員たちはといえば、海岸地域の住民たちのなかから水兵強制徴募隊によって無理やり集められ、給料も低く(月額一九〜二四シリング)、粗暴な扱いに委ねられ、劣悪な衛生状態の場所に詰め込まれていたから、しばしば熱病や壊血病に取りつかれた。たとえば有名なヴィクトリー号の場合、この時期の第一級の艦艇の典型で、一七六五年に建造され、二一六二トン、三層甲板に一〇四門の大砲を積載したが、六〇メートルにも足りぬ長さの場所に八五〇名もの兵を詰め込んでいた。

衝突当初の数年は、ほとんど戦果がなかった。一七三九年のポルト・ベロ(Porto Bello)占領を別にすると、アメリカでは何の勝利も得られなかった。一七四一年、ヴァーノン提督の大艦隊は、キューバ攻撃に完全に失敗した。この時点においてイギリス・スペイン戦争は、オーストリア継承問題に端を発した、もっぱらヨーロッパ大陸における衝突に組み込まれることになった。一七四〇年、神聖ローマ帝国皇帝カール六世の死に伴い、その娘マリア＝テレジアが、国本勅諚（Pragmatic Sanction）に応じてその跡を継いだ。プロイセン国王フリードリッヒ二世はこの機を利してシュレジエン地方を占領し、他方、フランスは、皇帝の地位をめぐるマリア＝テレジアのライバルで同じくスペインによって支援されていたバイエルン選帝侯〔Karl Albrecht, Karl VII, 1697–1745〕を応援した。ウォールポールはこの件に関して、イギリスとハノーヴァの中立を維持しようとしたが、一七四二年二月の彼の退任後、カートレットは、イギリスの敵の敵であるマリア＝テレジアのはっきりした味方となった。奇妙なことに、一七四四年まで、フランス軍、オーストリア軍、イギリス＝ハノーヴァ軍はドイツにおいて、帝国の二人の皇帝候補を支援するため、宣戦布告なしで作戦行動をした。一七四三年六月には、ジョージ二世みずから、イギリス、オランダ、ハノーヴァ混合の「国本勅諚」と呼ばれた軍隊の先頭に立ち、デッティンゲン（Dettingen）において、ノアイユ元帥のフランス軍を打ち破った。

最も有効な成果は、イギリスの財力によって得られた。すなわち年額二〇万ポンドおよび三〇万ポンドの補助金の見返りとして、カートレットは、サヴォイア公国のカルロ＝エマヌエレにマリア＝テレジアと同盟を結ぶよう説得し（ヴォルムス条約、一七四三年）、フランス軍とスペイン軍を地中海に釘づけにしようとした。しかし無能なマシューズは、トゥーロン（Toulon）を目前にして失態を演じ、[1] フランス＝スペイン連合艦隊を取り逃してしまい、軍法会議にかけられ罷免される羽目になった（一七四四年二月）。

（1）部下のレストック（Richard Lestock, 1679-1746）がマシューズの命令を無視して追撃をしなかったため、このような結果となった。

全面戦争が一七四四年三月、ついに公式に宣言され、フランスはイギリス上陸を準備したが、実行しえなかった。ネーデルランドではカムバランド公が、一七四五年五月十一日、たしかに兵力において相当劣勢であったが、フォントノワでモーリス・ド・サックス元帥によって惨敗させられた。敗北は翌年、ラフェルト（Laffeldt）においてさらに確実になった。

海上でも植民地でも、主要な敵はやはりフランスであり、戦果はいっそう伯仲していた。一七四五年、カナダにおいて、シャーリーは、ルイスバーグ（Louisbourg）要塞とケイプ・ブレトン島（Cape Breton Island）を占領したが、ラ・ブルドネは一七四六年、マドラス（Madras）を奪った。一七四七年、イギリス海軍はその優位さをいっそう明確に確認する。アンソンとホークはそれぞれ、アメリカとインドを脅かすために出航した二つのフランス艦隊を撃破したのである。フランスは陸上を、イギリスは海上を支配した。当然の状況ではあったが、包括的に決定的な戦果に到達しうるものではなかった。また、一七四八年のアーヘンの和約は、すべての人にとって期待外れであった。「和約みたいにばかげた《Bête comme la paix》」という表現が当時流行し、フランスにとってと同じくイギリスにも当てはまった。ルイスバーグはマドラスと交換されたが、根本的な課題は植民地において解決されなかった。「アシエント」の権利は四年間だけ更新され、アメリカ大陸でのスペイン沿岸警備隊による検査権限については言及されなかった。地中海においては、スペインの野心が勝利を占めた。ドン・フェリーペ〔フェリーペ五世の妃の連れ子〕は、パルマ（Parma）とピアチェンツァ（Piacenza）を獲得したが、これはこの紛争のあいだ、イギリスが多大な犠牲を払って反対してきたものであった。

この混沌たる戦争は、フリードリッヒ二世とマリア＝テレジアを除けば、明確な目標を持たぬ政府により、多様な舞台においていっさいの連係抜きで行なわれてきたため、不安定な和約に到達することにしかならなかった。イギリスは優柔不断な行動をとり、みずからの真の利益が陸上にあるのか海上にあるのか、またその主要な敵がスペインなのかフランスなのか、判らなかった。

この最後の点に関しては、戦後のさまざまな事件が不確定さにけりをつけた。インドにおいても、北アメリカにおいても、フランス人との紛争が倍増した。デュプレイクスとビュシーの野心的な政策は東インド会社を不安にさせ、他方、オハイオ(Ohio)川の谷には一連の要塞が作られ、両陣営はすでに衝突していた。すなわち一七五四年、ウォシントン大佐は入植者部隊とともに勝利を収めたが、次いで捕虜となった。一七五五年、入植者たちはボーセジュール(Beauséjour)の要塞を奪取した。この新たに増大した危機に直面しても、ニューカースル内閣ははっきりした姿勢を示さず、その無為無策に対してピットの辛辣な批判を浴びることになった。

新たな紛争の危険を冒すよりも、ニューカースルはヨーロッパ大陸の同盟を確保しようと強く望んだ。一七五六年、あの有名な同盟関係の逆転が生じた。同盟の相手国が変わったのである。ウェストミンスタ条約により、フリードリッヒ二世とジョージ二世は相互に所有物を保証し合い、かつドイツに外国部隊が立ち入ることに反対し、その一方、ヴェルサイユ条約でフランス人とオーストリア人は和解し、次いでロシアの応援を受け入れたのである。

火蓋を切られた新たな戦争は、その前の戦争の繰り返しのようなものであった。マリア＝テレジアはシレジアの損失を受け入れなかったし、その一方でフランスとイギリスはそれぞれの植民地の線引きをしようとしていた。緒戦はイギリスにとって破滅的であった。ミノルカ島(Minorca)はフランス人によって占領され、その惨事を防ぐことができなかったビング提督は、軍法会議にかけられ銃殺された。ニューカースルがピットに代わっても、すぐには一連の敗北を断ち切れなかった。一七五七年、カムバランド公はクロスタ・ツェフェン(Kloster-Zeven)〔同年九月八日、ハノーヴァのこの小村において、カムバランドとリシュリュー元帥により条約が結ばれた〕で降伏し、ハノーヴァをフランスに引き渡し、他方、カナダではモンカルムがウィリアム・ヘンリー要塞（Fort William Henry）を占領した。幸い、ロスバッハ（Rossbach）〔現在のドイツ東部の村落〕におけるプロイセン軍の勝利が、バランスを取ることになった。

しかし徐々にその間、ピット方式が成果をもたらすことになった。ヨーロッパ大陸において、ピットは、フランス、オーストリア、そしてロシアの、はるかにすぐれた軍事力に脅かされている同盟国プロイセンを、ひるむことなく援助した。ブラウンシュヴァイク公フェルディナント指揮下の軍に対する財政上および軍事上の支援である。どのようなことがあっても、大陸における唯一の同盟者、フリードリッヒ二世の敗北は避けねばならなかった。彼の軍事的天分をもってしても、イギリスの財政的援助なしでは、済まされなかったのである。戦後になって、ピットが「アメリカはドイツにおいて征服されてしまった」と言った〔Williams 336〕のも、誇張ではなかった。

というのは、ヨーロッパ大陸にフランスの努力の大半を固定することによって、ピットは、彼にとって重要な海上および植民地における闘争に精力を集中することができたのである。その場合、敵国を狼狽させその軍事力の分散を余儀なくさせるために、次々と先手を打つことが肝要であった。つまり、攻撃をカナダ、インドだけでなく、アンチル諸島やフランス沿岸にまでも加え、ヴェルサイユをしてこのような牽制攻撃地点に軍隊を派遣せしめることにより、フリードリッヒ二世の負担を軽減しようとしたのである。

この戦術は一七五七年、カナダのルイスバーグ、フロンテナック（Frontenac）およびオスウィーゴ（Oswego）の要塞の占拠によって効力を発揮し始めた。一七五八年には、サン・マロ（Saint-Malo）、シェルブール（Cherbourg）、セネガル（Sénégal）への牽制攻撃が行なわれた。とりわけ一七五九年は、途切れることのない勝利で際立っている。すなわち、グアデループ（Guadeloupe）島とマリ・ギャラント（Marie-Galante）

島の占領や、ミンデン（Minden）におけるブラウンシュヴァイク公フェルディナントの勝利。また、この戦争の英雄の一人で攻撃中に戦死したウルフ大佐によるケベック占領。さらには、イギリスへの上陸を援護するはずであったフランス艦隊をキブロン（Quiberon）湾でホークが撃破したこと、などである。一七六〇年にはモントリオールやインドへの決定的な進出、一七六一年にはドミニカ（Dominica）島の占領、一七六二年にはセント・ルシア（St. Lucia）島、グレナダ（Grenada）島、マルティニック（Martinique）島、そしてベル・イール（Belle-Isle-en-mer）の占領などが続いた。

この時点においてピットは、予防手段としてスペインに宣戦布告をするよう提案した。というのは、ヴェルサイユとマドリッドのあいだで交渉が行なわれていたからである。提案が閣議で拒否されると、ピットは辞職したが、それでも彼の予見どおり、戦争は勃発した。だが彼の計画を適用したおかげで、イギリス軍はハバナとマニラを占拠し、一方、ヨーロッパではロシアが戦争から退こうとしていた。

一七六三年二月十日、パリ条約はイギリスの勝利を記録し、同国はその獲得物の大半を維持した。それらはカナダ、ケープ・ブレトン島、セント・ヴィンセント（St. Vincent）島、トバゴ（Tobago）島、ドミニカ島、グレナダ島、セネガル、ミノルカ島、フロリダそしてインドの大半であり、インドにおけるフランスの駐留は、五つの商館に減少した。このように膨大な獲得物にもかかわらず、ウィリアム・ピットはこの条約の条件を激しく非難した。マルティニック、グアデループ、マリ・ギャラント、セント・ルシア、ゴレ（Gorée）、サン・ピエール（Saint-Pierre）、ミクロン（Miquelon）、ニューファウンドランド島における漁業権が、それによってフランスに返還されてしまったからである。ピットによれば、ビュート政権はこの協議において、プロイセンの利益を維持しなかったことに対しても、同じく有罪なのであった。なぜなら、これによりフリードリッヒ二世の恨みを買い、一七六三年以降、イギリスは勝利者となりつつも、孤立状態に留まったからである。

II 大英帝国の誕生

ユトレヒト以降まさに半世紀を経たパリの和約は、広大なイギリス植民地帝国構築の決定的な第二段階となった。さらに半世紀後、しかもその間アメリカ独立という不測の事態を経たのちの一八一五年には、第三段階を迎えることになる。ユトレヒトからワーテルローまでのジョージ王朝時代はかくて、イギリスの植民地支配のほとんど途切れのない進捗によって特徴づけられるのである。

アメリカでは、二つの極端に異なる集団が識別される。一つはアンチル諸島、または西インド諸島であり、一七一三年にはバミューダ諸島（The Bermudas）〔通例は西インド諸島に含まれない〕、バハマ諸島（The Bahamas）、ジャマイカ（Jamaica）島、ヴァージン諸島（Virgin Islands）、アンティグア（Antigua）島などから成り、それに一七六三年の征服の成果が加わった。経済的には本土の補足的な存在であるこれらの熱帯島嶼には、直接行政のもとで入植者たちの小集団と多数の黒人奴隷とが併置されていた。入植者たちのほうは、たとえばジャマイカでは一七一三〜一七六四年にかけて、八五〇〇人から二万六〇〇〇人に増えた程度であったが、黒人奴隷たちのほうは、王立アフリカ会社（Royal African Company）や、一七五〇年以降はアフリカ貿易商事会社（Company of Merchants Trading to Africa）から大量に送り込まれていた。奴隷売買は、ロンドン、ブリストルそしてリヴァプールの商人たちを富ませた。奴隷は仕入値の平均四倍で売れたからである。この部門において、「アシエント」と許可船の権利は、スペイン領アメリカへの密輸入の機会をもたらしたが、この権利はとりわけ紛争の火種でもあり、この世紀のなかばに一〇万ポンドと引き換えに放棄された。

他方、北アメリカ大陸には問題の多い一二の植民地があり、さらに一七三二年には、博愛家オーグルソープにより貧困家庭と負債囚人のために設立されたジョージアが加わることになった。これらの植民地とその住民たち（一七六〇年において二〇〇万人）は、まだそれぞれ非常に異なる行政制度を持っていた。すなわち、ペンシルヴェイニアとメリーランドは私的社会であり、ロード・アイランドとコネチカットは知事を選出し、その他の地域は王室の直接統治下にあった。

北部に向かうと、イギリス領は、一七一三年フランス人たちから取り上げた、ニューファウンドランド島と、旧称アカディ（Acadie）、すなわちノヴァ・スコシアによって拡張されていた。この地域のイギリス化は一七五五年、五〇〇〇人のカトリック系フランス語圏入植者たちを追放することによって容赦なく実現された。

地球の反対側では、イギリス系インドが、十八世紀に波乱に富んだ歴史を展開した。ここで問題となるのは、もっぱら東インド会社が所轄する、植民上というより貿易上の機能を備えた、民間事業である。この会社は貿易上の独占権をインド洋に関して持っており、そこを経て絹、木綿、キャラコ、茶、コーヒー、香辛料などを輸入し、その額は一七〇八年には五〇万ポンド、一七四八年には一一〇万ポンドに及んだ。他方、この地域へのイギリス製品の輸出は五七万六〇〇〇ポンドから一一二万一〇〇〇ポンドとなった。その商館はボムベイ、カルカッタ、マドラスに設置され、マラバール（Malabar）とコロマンデル（Coromandel）の両海岸にある、一連の小商館がすべてそれらに依存し、競争相手のフランスのインド会社と肩を並べていた。

この二つの会社の政策は、もっぱら商業上の利益をあげることを目標とし、統治に当たって費用がかかり、かつ危険な領土征服をめざすことはけっしてなかった。そこで大切なのは、商業上の利点を獲得するために土着の王侯たちと良好な関係になることであった。しかしこの世紀のなかば以降、本国同士の戦争がこの地にも必然的に影響を及ぼし、競争相手を効果的に排除する唯一の方法として、両者とも徐々に領土の直接管理へと不可避的に流されていくのが見られた。この姿勢の変化は、どちらの側にあっても、こうした征服が商業上の利益を損なうことになるのではないかと恐れるインド会社幹部たちの意見に逆らう、やり手の総督たちの行動に起因していた。

一七四八年、フランス人デュプレイクスは、半島の南部全体の管理を目標とする有能な政策を進めた。しかし一七五二年、若きロバート・クライヴは、フランス人たちと彼らのインド人の仲間たちを撃破し、カーナティックの太守(ナワブ)に親英派のムハンマド・アリーを復権させることに成功した〔第二次カーナティック戦争。一七五〇〜五四年〕。他方、デュプレイクスは、彼の冒険主義的な主導性に不満を覚えた取締役たちによって一七五四年、召還された。

七年戦争のあと、インドでは戦闘が再開し、ビュシーは一七五六年、民間人も軍人も虐殺して、カルカッタを奪った。翌年、クライヴはシャンデルナゴール(Chandernagor)を占拠し、さらにプラッシー(Plassey)において、五万の敵に対したった三〇〇〇の兵により、ベンガルの親フランス派の太守に恐ろしい敗北を蒙らせた。この勝利以後、彼は、ベンガル、ビハール、そしてオリッサの太守に親イギリス派のミール・ジャーファルを据えた。すなわち、インドの東北部全体がイギリスの管理下に入ったのである。南西部では、一七六〇年、フランス人たちがエア・クート大佐によりカーナティックから追い出された。ポンディシェリ(Pondichery)は占領された。次いでカーナティックからベンガルまでの東海岸全体、サルカールの領土が、イギリスの権力に下ったのである〔第三次カーナティック戦争。一七五八〜六三年〕。征服の歯車は整備された。一七六四年、ベンガルの新しい太守、ミール・カーシムはイギリスの小部隊を虐殺し、この地域において戦争を再開した。彼は隣国アワド、デリーのムガル皇帝、そしてそのアフガニスタン系臣下たちとの同盟を結成した。だが彼らはすべて、ベナレス（Benares）近くのブクサール（Buxar）の大戦闘において、ヘクター・マンロー少佐により撃破された。ミール・カーシムは改めてミール・ジャーファルと交代させられた。後者はイギリスに上納金を支払い、イギリスはそれと引き換えに、彼がベンガルを搾取するがままにさせた。東インド会社は、その意に反して領土を持つ権力となり、クライヴは一七六七年、イギリスに戻った。

この時点から、この会社の改革の必要性は、イギリス政治の主要な題目の一つとなった。インドで数年を過ごしたのち、あらゆる種類の不正な取引や現地の太守たちからの贈物によって得た巨万の富を手中に帰国する行政官たちの急速な成金ぶりは、スキャンダルの種であった。こうしたいわゆる「インド成金」（Nabob）たちは、自分のために土地と選挙区を買い取り、下院において一種のインド問題圧力団体（ロビー）を構成した。ピットの祖父もその一例である。クライヴ自身も年収二万七〇〇〇ポンドの「ジャーギール」（jagir）、すなわち贈物を受け取っており、シュロップシアの議員グループの首領であった。東インド会社の株主たちにとって、この状況は許しがたいものであった。

一七六九年、取締役の更新（五〇〇ポンド以上の株主だけが投票権を持っていた）に際して過半数の票を得るために、反対派のなかで投機的策動がなされ、多数の株が買い込まれた。この大量の買い入れの結果、相場は舞い上がったが、翌一七七〇年に暴落した。マイソール王ハイダル・アリーがフランス人たちに後押しされて、カーナティックに侵入したことが伝えられたからである。同時に一七七〇〜一七七二年

猫に名前はいらない

A・N・ウィルソン〔小竹由美子／訳〕

各地を転々とさすらって老いを迎えた猫が、生涯を振り返り、孫に「生きる」意味を語る。鋭い人間観察、受け継がれる「生と死」の不思議さを伝え、世代を越えて読まれている、感動の書。

（9月下旬刊）四六判■1680円

町角ものがたり

池内 紀

旅行ガイドがけっして教えてくれない、ヨーロッパ各地の隠された「町角」の魅力を、ゲーテやカフカ、ホフマンと対話しながらいきいきと描いた、旅の達人による大人のひとり旅。

（9月中旬刊）四六判■1890円

孔雀の羽の目がみてる

蜂飼 耳

中原中也賞受賞の現代詩界のホープが、身の回りの情景や心震わす書物を、鋭く澄んだ目で見据え、繊細で鋭敏な五感と言葉でつづった待望のベストエッセイ集。

四六判■1995円

新刊

マリア・カラス 聖なる怪物

ステリオス・ガラトプーロス〔高橋早苗／訳〕

ベル・カントの役柄で聴衆を圧倒し一世を風靡した「プリマ・ドンナ」カラスの音楽への真摯な情熱と、激しい生きざまとを克明にたどったカラスの伝記の決定版。演じた全作品の舞台写真併載。

（9月下旬刊）A5判■5040円

古書修復の愉しみ

アニー・T・ウィルコックス〔市川恵里／訳〕

当代一の書籍修復家に弟子入りした女性が、書籍修復家として成長する過程を自伝的につづった回想録。書籍修復という手仕事の技を学ぶ愉しみを実に詳しく、いきいきと描き出している。

四六判■2520円

エーゴン・シーレ 日記と手紙（新装版）

大久保寛二／編訳

無為に過ぎていく軍隊生活を描いた日記、批評家や支援者、家族に思いをぶつける手紙、絵画・色彩論を独白のように綴る散文詩など、一級資料を通してシーレの芸術の魔力を解明する。

四六判■2730円

アフガニスタンに住む彼女からあなたへ

望まれる国際協力の形

山本敏晴

イランのアフガン難民キャンプで出会った少女が、故国の病院で働いていた。奇跡の再会をはたした話題の医師が、彼女との医療援助活動を通して、国際協力の真の意味を問いかける。■1470円

ベルリン陥落 1945

アントニー・ビーヴァー［川上 洸／訳］

解説＝石田勇治

第二次大戦の最終局面、空前絶後の総力戦となったベルリン攻防。綿密な調査と臨場感あふれる描写で世界的大ベストセラーを記録した、戦史ノンフィクション決定版！ ■3990円

英 メニューの読み方 書き方　安部 薫

ならびにプロをめざす人たちのためのやさしいメニューの入門書。本的なメニューの表記法を説明し、次に仏・伊・英語のメニューをる。4か国連記の料理用語集付き。（9月下旬刊）四六判■2520円

式ポルトガル文法　田所清克・伊藤奈希砂

ガル語を愛するすべての人に贈る、極めつけの文法書！　簡潔な例説で疑問がつぎつぎ氷解。いつでも手元においておきたい、便利でえあるレファレンス・ブック。（9月下旬刊）A5判■4830円

ふらんす

10月号（9月22日刊）

■670円

集　仏検受験読本2級・準1級・1級（稲垣文雄＋北村卓＋松島征）　仏
格者に聞く　★坂本千代：ジョルジュ・サンド生誕200年に寄せて　★
由郎：フランス生活あれこれ　★明石伸子ほか：Dictéeでステップ・ア
★石野好一：動詞のココロは無限大

白水社海外小説復刊2004

※全国の協力書店でブックフェアが開催されます。（9月下旬刊）

サートリス

ウィリアム・フォークナー［林 信行／訳］

第一次世界大戦から帰郷した、南部貴族サートリス家のヤング・ベイヤードの物語。南北戦争の英雄だった一族の残照を背景に、「失われた世代」の青年の虚無と絶望を描く初期長編。■3045円

フランドルへの道

クロード・シモン［平岡篤頼／訳］

はてしなく降りつづく戦場の雨、あでやかな競馬大会、ずぶぬれにもつれあった情事……「戦争とセックス」の記憶が、豊潤な言葉のフィールドに疾駆する！　「新しい小説」の記念碑。■2940円

最後の人／期待　忘却

モーリス・ブランショ［豊崎光一／訳］

男女の対話を通して、期待と忘却の言語空間を緊迫した儀式性にまで高めたブランショの傑作。自己と他者、期待と忘却の交錯するディアレクティクを軸にした、難解だが魅力的な小説。■2940円

初恋／メルシエとカミエ

サミュエル・ベケット［安堂信也／訳］

『初恋』は最初の一人称小説の試作、『メルシエとカミエ』は、『ゴドーを待ちながら』を思わせる二人連れを主人公とした長編小説。いずれも作者の創作過程の秘密を明らかにした作品。■2940円

子供の領分

モニック・ウィティッグ［小佐井伸二／訳］

ひとりの少女の無垢な眼を通して、人間は樹木やりんご、空、人形、屍体などとまったく同等に描かれる。だれもがかつて見ていたはずの、あの残酷で美しい子供の世界。メディシス賞受賞作。■2835円

南

イヴ・ベルジェ［濱崎史朗／訳］

自然と文明が美しく調和する100年前のアメリカ南部を理想郷として崇める父と、それに反発する姉娘、姉に強く惹かれながらも父の影の下に生きる弟。南仏を舞台にした叙情性豊かな名作。■2730円

した著者による旅行記。古典的名著であり、読み物として抜群に面白い。

新書判■各998円

白水Uブックス

縞模様の歴史 悪魔の布

ミシェル・パストゥロー［松村剛・松村恵理／訳］

今や日常どこにでも見られる縞模様は、中世西欧においては社会のはみ出し者たちが身にまとう異端の徴だった。13世紀から今日まで、縞模様の歴史をたどりつつ西欧社会を視覚的に考察する。

新書判■945円

白水Uブックス

ニーチェからの贈りもの ストレスに悩むあなたに

ミヒエルス＝ヴェンツ編［清水本裕／訳］

世紀をへだててこだまする哲人からのメッセージ。生きる知慧に満ちた深く細やかな三五二の言葉は、読む者を立ち止まらせ、きびしい人生を生きぬく力を与えてくれる。

新書判■945円

ボリブル とんがり耳の冒険者たち

マイケル・デ・ララベッティ［木下哲夫／訳］

「ボリブル」はずっと子どものままの少年少女。ケンカもするけど力を合わせ、ゾウ鼻の怪物ネズミ「ランブル」狩りへ旅立つ……。欧米で超ロングセラー《永遠の子どもたち》の物語。

四六判■1890円

晴れた日は巨大仏を見に

宮田珠己

ウルトラマンより大きな仏像が日本各地に存在する！その唐突かつマヌケな景色を味わうための日本風景論。東南アジア旅行の達人として知られる著者による紀行エッセイ。

四六判■1680円

879

ジョージ王朝時代のイギリス

ジョルジュ・ミノワ［手塚リリ子・手塚喬介／訳］

歴代の「四人のジョージ」が英国に君臨したハノーヴァ朝は、18世紀の産業革命の背景となった。その時代を、政治・経済・科学・文学・建築など諸側面から描く、生彩あふれる歴史書。（9月下旬刊）

新書判■999円

思想を明解に分析する。

四六判■2625円

好評既刊

旅するニーチェ リゾートの哲学

岡村民夫

サン＝モリッツ、ジェノヴァ、ニース……。ニーチェが旅行者として生き、もっとも多産に著作した十年間。アフォリズム・スタイルを生んだ「歩行する思想」のノマディスムを解明する。

四六判■2520円

性についての探究（新装版）

アンドレ・ブルトン編［野崎歓／訳］

ブルトンが残した草稿から発見された「性に関する探究」の討議録。若きシュルレアリストたちが自己の性的な行動と思考を語り合った貴重なドキュメント。映画化『セックス調査団』原作。

四六判■2730円

ノリーのおわらない物語

ニコルソン・ベイカー［岸本佐知子／訳］

イギリスに引っ越した可愛らしい夢想家、九歳のアメリカ人少女ノリーが、小学校ではイジメ屋をやっつけ、家では長い長いお話を作る。作家が自分の娘をモデルに描いた愉快な「少女小説」。

四六判■2100円

日本の放浪芸

小沢昭一

芸能のありかを探るために半生をかけて採録をつづけた畢生のドキュメントを、約二百ページの貴重な写真とともに、ついにあますところなく活字化！

A5判■8190円

文庫クセジュ

878

合成ドラッグ

ミシェル・オートフイユ、ダン・ヴェレア［奥田潤、奥田陸子／訳］

自然界にはありえない化合物でできた、新種の麻薬合成ドラッグをもとに、ドラッグ・デザイナーによって開発された新しい向精神薬の影響や問題点を、中毒の歴史とともに詳解。

新書判■999円

のベンガルの飢饉が利益を低下させた。行政費用は増大し、あまりにも高騰した配当金と法外な出費は、この会社に負債を強いた。改革が必要となった。議会による調査は、ロバート・クライヴがインドにおいて二三万四〇〇〇ポンドもの私的蓄財をしたことを明らかにした。

ついにノース卿は一七七三年、一つの改革を可決させた〔インド規制法〕。東インド会社の土地は、四名から成る参事会が補佐するベンガル総督によって運営されることになった。カルカッタの司法制度は、イギリス王室によって任命される裁判官の指揮下に入った。インドからのすべての急送公文書は、大臣たちに伝達されねばならぬこととなり、取締役選出の投票権は一〇〇〇ポンドの株主に限られ、一四〇万ポンドの国庫貸付金が会社に対して与えられた。

新体制のもとでの初代総督は、一七七三〜一七八五年までウォレン・ヘイスティングズが務めた。この人選は最適であった。青年時代から東インド会社に勤務していた彼は、インド文化を知り尽くし、かつ尊重しており、その文化の発達を、ヒンドゥおよびモスレムの両構成要素において、促進しようと努めた。末端行政同様、司法においても彼はインド人たちに最大の責任を持たせた。ベンガルの安全を確保するために、隣国アワドの大臣、シュジャーウッダウラと親密になり、アフガン系不正規軍、ロヒラ族に対する攻撃〔ロヒラ戦争。一七七四年〕に、アワド側がイギリス軍を利用することを許した。

しかしウォレン・ヘイスティングズの立場は、かなり窮屈なものであった。一方では会社に最大の利益を確保しなければならず、他方では王室の権威を代表しなければならなかった。第一の立場は、征服への無謀な企てをしているという嫌疑を彼にかけることになったし、第二の立場は、私服を肥やす可能性のある企てについてつねに用心することになる。彼を補佐すべき参事会は彼を理解せず、アワド国との彼の協定の成果を無にした。イギリスにおいてヘイスティングズは、フィリップ・フランシスのような敵によって汚職の告発をされ、一七七五～一七七六年には、すぐにでも辞表を提出するつもりでいた。その職務に留まった彼は、アメリカ独立戦争中にベンガルを組織化し、フランス人たちと同盟しているマラーター連合に対する作戦を企て、フランス人たちの陣地を攻撃した〔第一次マラーター戦争。一七七五～八二年〕。彼はグワリオル（Gwalior）の難攻不落の要塞の奪取で知られる大胆な作戦によってマラーター連合を脅かした。南部では彼が派遣したエア・クートがマイソール王、ハイダル・アリーを撃破することに成功し〔第二次マイソール戦争。一七八〇～八四年〕、一七八四年、マルタ騎士団最高指揮官シュフランとビュシーの努力にもかかわらず、イギリスにとって有利な和約〔Treaty of Mangalore〕を成立させた。戦争はこの間、東インド会社の財政を危機に陥れ、他方、本土では改革を求める運動が高まった。バークは、行政官たちのあいだで汚職が一般化していると確信し、一七八三年十一月、東インド会社の上部に、議会によって任命された七人の委員から成る部局を創設しようとするフォックス案を支持した。新しい部局の管理を引き受けるつもりのフォックス＝バーク一派に対する不信感から、この法案は、下院において二〇八対一〇二で否決された[1]。修正案〔一七八四年一月ピット提出〕は二二二対二一四で否決されてしまい、ついにピットが一七八四年〔総選挙後〕、強化された政府管理のもとに東インド会社を位置づける「インド法」（India Act）を可決させることに成功した。国王によって任命された六人の枢密院議員から成る部局が交信を管理し、指令を会社の取締役たちに送ることになった。この取締役たちが国王の同意を経て、引き続き行政官たちを指名することになる。カルカッタの総督の権力は強化され、帰国する「インド成金」たち全員が財産を申告公開しなければならないことになった。

（1）この法案は下院で「可決」されたのち、上院で否決された。本書第二章Ⅱ参照。

まさにそうした時期の一七八五年一月、ウォレン・ヘイスティングズは辞任し、自己の行政について長い回顧録を書き上げたのち、イギリスに帰ってきた。彼の仇敵たちは、フランシスとバークを先頭に立て、弾劾の手続により上院において彼を裁判にかけることに成功した。途切れることのない裁判が続き、そこでは一連の中傷と偽証がすべて活用された。ヘイスティングズは犠牲の子羊であり、「インド成金」たちの権力濫用の象徴的人物であったから、その成果の偉大さを認めつつも、ピットですら彼に対する弁護を拒否した。ヘイスティングズは、それにもかかわらず、一七九五年、無罪となった。

この時点で、フランスとの戦争が再開され、総督リチャード・ウェルズリーは、その機に乗じて強国マイソールを破り、その君主、ティプー・サヒブ〔ティプー・スルターン〕が一七九九年に戦死して、領土の最大部分は東インド会社に併合されるに至った〔第四次マイソール戦争。一七九九年〕。次いでカーナティック全土が屈服した。ハイデラバード（Hyderabad）は隷属国となり、フランス人たちは追い出された。一八〇三年、総督の弟、アーサー・ウェルズリー〔のちのウェリントン公〕は、アッサイ（Assaye）においてマラーター連合を破り〔第二次マラーター戦争。一八〇三〜五年〕、ムガル皇帝シャー・アーラムは一八〇五年、イギリスの保護下に身を委ねたのであった。

こうした巨大な征服が、イギリス領インド、すなわち搾取の植民地の時代を開いた。一八一三年、議会は東インド会社の独占に終止符を打った。この広大な亜大陸と、そのとてつもない富、すなわち大英帝国の未来の宝玉の占有は、アメリカ植民地を失ったイギリスを慰めるに足るものを持っていた。なぜなら、この時点でアメリカの経済的利益はさほど明瞭ではなかったからである。

Ⅲ　アメリカの喪失

逆説的ではあるが、一七六三年のあまりにも完璧なイギリスの勝利は、一七八三年の敗北の種を宿していた。カナダに起因する、フランスの脅威から解放された一三の植民地の入植者たちは、もはや本国による保護の必要を感じず、自分たちの諸権利に関してさらにいっそう強い要求を主張するようになった。五〇〇〇キロメートルも離れた議会から指図されることを、彼らはもはや望まなかった。だがロンドンでは逆に、フランスの脅威を排除してもらったことでアメリカはイギリスに恩義を感じているはずだから、その防衛のための最近の〔七年〕戦争で生じた費用を分担する義務がある、と考えた。イギリスの実業家たちにとって、アメリカは何よりもまず保護されるべき市場であり、本土の必要に応じて、また軍事的保護の見返りとして、その経済規制を受け入れるべき市場であった。

ロンドンにとっての大きな困難の一つは、植民地の多様性と内紛に起因しており、そのために全体的規模での有効な決定が妨げられていた。辺境（フロンティア）での先駆者たち、北部の商人たち、南部の大農園主たち、クウェイカー派[1]（Quakers）、長老派、急進的諸派などが互いに衝突し合う集団を形成し、彼らはたった一つの点、すなわち、自由に論争をさせせよという点においてだけ、意見の一致を見るにすぎなかった。

（1）正式の名称は「フレンド会」（Society of Friends）。同派の教義、創始者ジョージ・フォックス（George Fox, 1624-91）、ペンシルヴェイニア（Pennsylvania）の創設者ウィリアム・ペン（William Penn, 1644-1718）などについては、『イギリス書簡』書簡一～四参照。

イギリスによってアメリカに課せられた通商上の規制の基本は、次のようなものであった。本土と植民地とのあいだの通商は、すべてイギリスまたは植民地の船舶によらねばならない。アメリカ向けのヨーロッパまたは東洋の産物はすべて、イギリス本土を経由しなければならない。輸出用の「リストに載った」アメリカの産物も同じくイギリスを経由しなければならないが、他方、「リストに載らない」産物は、地中海地域行きまたはその他世界のいずこ行きでも、直接輸出しうるものとした。「リストに載った」産物のリストは際限なく拡大され、イギリス人は主要原料をみずからのために保有し、競争国への鉄、タバコ、木綿、銅、染料、絹、皮革、タール、蜂蜜などの供給を制限しようと望んだ。南部の入植者たちは、彼らの熱帯地産物に対してイギリス本土内に優先的な市場を確保してくれるこの制度に容易に適応した。しかし北部の人びとはこうした統制を甘受できず、南部の人びとに工場生産物を売って、埋め合わせをしようとしたのである。

一七七〇年、権力の座に就いたノース卿は、茶以外の諸税を撤廃して状況を打開しようと決意した。この手段による鎮静効果は、「ボストンの虐殺」(Boston Massacre)のニュースによって無と帰してしまった。一七七〇年三月五日、ボストンの一集団が、税関事務所を護衛する分遣隊の兵士たちと衝突したのである。部隊は発砲し、五名の死者を出すに至った。

三年以上もの中断ののち、一七七三年にこの問題は茶に関して新たな展開を迎えた。この産物はタウンゼンドによって設定された税〔Townshend Acts, 1767〕のため、ずっとアメリカ人たちに忌避(ボイコット)されてきた。東インド会社は、この市場の閉鎖性から被害を蒙っていた。なぜならば、それは逆に、密輸業者たちの財産を作り上げていたからである。そこでノース卿と会社とのあいだで、誰をも満足させるはずの協定が結ばれた。すなわち、東インド会社は、自社の茶を直接アメリカに輸出し、会社がアメリカ人たちに代わって税金をイギリス政府に支払う、というものである〔Tea Act, 1773〕。密輸業者たちと、つねにイギリス茶買入れに反対してきた急進派集団だけが怒り狂った。一七七三年十二月十六日、彼らのなかの小集団は、〔三隻分の〕積荷を海に投げ込んだのである。

このボストン茶会（ティー・パーティ）事件はノースの反発を買い、彼はその積荷の金額が返済されるまでボストン港を封鎖させ、マサチューセッツの基本法を破棄させた。さらにもう一つの決定が激しい感情を爆発させた。すなわち、「ケベック法」（Quebec Act, 1774）によって、カナダの領土がオハイオ川流域にまで拡大されたのである。さまざまな影響が出てきた。植民地の西部への延伸は妨げられ、西部征服に賭けていたジョージ・ウォシントンとパトリック・ヘンリーのヴァンダリア会社（Vandalia Company）のような、これらの領土の開拓計画はすべて破綻した。そのうえ、アメリカ人たちはみな、こうして背後から軍事的に監視されることになるのであった。ついに、そしてこの要因が感情的に強力なものであったがゆえに、ピューリタン主義のアメリカは、身近にカトリックの脅威が増してくるのを恐怖をもって実感したのである。

そこで一七七四年、フィラデルフィアにおいて会議〔第一回大陸会議〕が開かれ、急進派の指導のもと、一七六三年以降のイギリス植民地関連法令すべての廃止が要求された。事態は決裂の段階に達していた。取り返しのつかぬ段階を乗り越えるには、双方に何人かの死者を出す直接交戦しか残されていなかった。アメリカ人たちが置かれたこの過度な興奮状態を考えると、それはもう時間の問題であった。一七七五年四月十九日、ボストンに近いレキシントン（Lexington）において、マサチューセッツ民兵の武器庫を押収しようとしていたイギリス軍分遣隊は、民兵たちと小競り合いになり、アメリカ側の死者六〇名、イギリス側の死傷者二七三名を出した。さらに一か月後、チャールズタウン（Charlestown）のそばのバンカー・ヒル（Bunker Hill）で展開したのは、まさしく戦闘であった。正真正銘の戦争が始まったのである。

その後の展開について、いちいち語る必要はあるまい。ノース内閣によって活力なく進められた戦争は一七八一年、ヨークタウン（Yorktown）の降伏にまで至った。

この敗北は深刻であったが、災難は取り返しのつかぬものではなかった。それにその翌年の四月十二日、ロドニーとフッドは、ド・グラースに海戦で手ひどい敗北を与え、この戦争の残りの期間中、イギリスの制海権を確保したのである。しかし政府の意欲が欠けていた。気概がなかったのである。下院におけるノースの過半数は止めどなく減少した。一七八二年三月、彼は辞任する。イギリスはヨーロッパにおいて全面的に孤立した。バルト海沿岸諸国は、イギリスが中立国に行使してきた検査権を拒否し、オランダはフランスとスペインの同盟に加入したのであった。

残された道は、交渉しかなかった。シェルバーン内閣にとっては、アメリカ人たちの友情と注文を維持するために、彼らに対し寛大さを示すことが、いっそう大切であった。五大湖の南の領土は、オハイオ川に至るまで、カナダのために確保しておくこともできたが、完全な独立を認めて、すんなりアメリカ人たちに分与された。フランスは、セネガルを取り戻し、トバゴ島とセント・ルシア島を獲得し、ニューファウンドランドの漁業権とサン・ピェール・ミクロン諸島の領有権も得た。スペインは、フロリダとミノルカ島を取り戻した。そして最後に、アメリカ合衆国とフランスは、ロンドンとの通商条約にすぐに調印する約束をしたのである。

第四章　経済、人口、および社会の推移

I　緩慢な成熟（一七一四～一七九〇年）

十八世紀のイギリスは全体として田園国家のままであり、すべての田園は十六世紀に始まった囲い込み（エンクロージャ）の長い歴史を続けかつ加速しつつあった。だが、それでいてある重要な兆候が精神構造の変化を示した。過去二、三世紀の国家権力は、旧来の農耕方式に有利な立法を強制し、囲い込みに反対しようと無駄な努力をしてきたにもかかわらず、今や一転してこの運動を推進し始めた。圧倒的に大土地所有者で構成されていた下院は、彼らの利益に好意的であった。彼らの誰か一人が、それまで開放耕地として耕作され、かつ農民共同体にとって通行権と放牧権があった土地の囲い込みを望むときには、議会に申請すると、議会は「囲い込み法」（Enclosure Act）を議決し、農民たちへの補償額を定める処置を現地の委員に任せることになっていた。この動きの加速化はめざましかった。「囲い込み法」は、一七〇二～一七一四年で二件、一七一四～一七二〇年で五件、一七二一～一七四〇年で六七件、一七四一～一七六〇年で二〇四件、一七六一～一七八〇年で一〇四三件、一七八一～一八〇〇年で九〇一件であった。

囲い込まれた土地は、過去二、三世紀とは逆に、放牧場とはされず、農耕方式の改良により利益の増大を望む土地所有者たちによって、たいていは耕作地とされた。啓蒙された地主（ランドロード）たちのなかにはウォー

ルポール自身や、とりわけその義兄弟タウンゼンドが含まれており、後者はノーファックの領地において、土壌を浄化し家畜を肥やす手段としてカブラその他飼料用作物の大規模な導入を実験した。小麦〜カブラ〜大麦〜クローバーの輪作は非常に収益が高く、かつ休耕地を減少させることが明らかになったのである。ヨークシアでは、ダービー、ロッキンガム、ダーリントン[1]が荒地（ムア）を開拓し、イワオウギとウマゴヤシを導入した。一介の農場経営者であったロバート・ベイクウェルは、適切な選択により動物たちの種の改良を行なった。新種の食用羊や非常に頑丈な新種の農耕馬——レスター種——である。世紀末にはウィリアム・クックが、ノーファックの領地において耕作のあらゆる方法をさらに完璧にした。

（1）これら土地所有者たちの名前はWilliams102に挙げられているが、ロッキンガムを除き、詳細は不明である。

こうした改良は主として、ノーファック、サファック、エセックスの各州に及び、すでにイースト・アングリア地方をこの国の穀物庫としており、キングズ・リン（King's Lynn）と〔グレイト・〕ヤーマス（Great Yarmouth）から穀物が輸出されていた。著しい進歩が、さらに中部地方（ミッドランズ）、レスタシアやハーファッドシアでも確認され、クローバーの栽培はすでにカムバランドにまで達していた。飢饉は去り、小麦の値段は一クォーター〔約二九〇リットル〕三四シリング近辺で安定していた。厄介な年は一七二八年（四九シリング）、一七四〇年（四六シリング）、一七五七年（五五シリング）、ぐらいであった。しかし一七六五年以降、イギリスは穀物輸入国となり、輸出補助金は一七七三年に廃止された。

一七六〇年代に国内を踏破したアーサー・ヤングは、直接または間接的に今なお農業で生活している人数を二八〇万と推定した。だがそれにもかかわらず、囲い込み運動は開墾の強力な集中化をもたらし、小さな土地所有者たち、すなわちテューダー朝イングランドの武力と活力を作り出した独立自営農（ヨーマン）たちの階級を排除してしまった。中心人物となるのは、これまでになく、大地主、あるいはジェントリの土地所有者であり、その周辺に農場経営者と賃借小作農がいた。多くの小規模開拓者たちや農業労働者たちにとっての唯一の出口は、あちこちでなお急増しつつある小規模な産業中心地へ向けての田園脱出であった。

この領域における最も重要な活動は、この時期当初の羊毛産業であり、デフォー〔*Tour* 62〕によると、ノリッジ（Norwich）地域において一二万人の生活を支え、またヨークシアや西部諸州——グロスタシア、ウィルトシア、デヴォン、サマセット——にも活力を与えていた。技術的には、二つの改革がこの世紀を特徴づけた。すなわち、一七三三年に機織をかなり加速させたジョン・ケイの飛杼（flying shuttle）とその約三〇年後の、ハーグリーヴズのジェニー紡績機（spinning jenny）である。メリヤス製造業は中部地方に集中し、一七五〇年頃には一万三〇〇〇台もの精紡機が使われていた。毛織物は、リーズ、エクシタ（Exeter）、スタウアブリッジ（Stourbridge）の大市場と、とりわけロンドンのブラックウェル・ホール（Blackwell Hall）の大市場でさばかれた。

こうした毛織物製品の輸出は、イギリスの通商収支において主要な役割を果たした。一七〇〇年には、総計六四七万七〇〇〇ポンドに対し、毛織物のみで全体のほとんど半分の二九九万ポンドとなった。一七六〇年には、さらに上昇して、輸出総額一四七〇万ポンドに対し、五四五万ポンドとなった。だがその後、急速に相対的な衰退に見舞われることになる。

その他の繊維産業のなかでは、絹製品が、ナントの勅令の廃止によりロンドンのスピタルフィールズ（Spitalfields）区域に三万人ものユグノー教徒たちが移住してきて以来、そしてジョン・ロムの産業スパイ工作のおかげで一七一六年以降、イタリア式機械を利用するようになったため、一時的な飛躍を見た。亜麻の加工はスコットランドとアイルランドに限定された。

雇用と収入の点ではるかに重要なのは、木綿産業の発展である。キャリコまたはプリント綿布はチャールズ二世〔一六六〇～八五年〕の治下から流行し始め、メアリ女王〔一六八九～九四年〕もその使用の推進に貢献した。一七〇〇年の「インド綿」輸入禁止にもかかわらず、デフォーは一七〇八年、それが途方もなく人気があり、とりわけ室内装飾においてもてはやされていることに言及している。ジョージ王朝時代の当初、マンチェスタとボウルトン（Bolton）の地域がキャリコと、木綿と亜麻の混紡である綾織綿布（ファスチアン）とを、輸入品の代わりに製造し始めた。一七一九年、この競争品の増大に不安を覚えたロンドンの絹織物および毛織物製造業者のあいだで暴動が勃発し、一七二一年にはキャリコ着用禁止令が出された。この決定は死文同然のまま、綿製品産業は、一七六〇年代以降、一連の大いなる技術的進歩のおかげで、有無を言わさぬ飛躍を遂げた。すなわち、一七六五年のハーグリーヴズのジェニー紡績機は多数の糸巻棒の同時作動を可能にし、一七六九年のアークライトの水力機械は水力によって作動し、そして一七七九年には、これら二つの先行の発明を綜合したクロムプトンのミュール紡績機（ジェニー）が、上質の糸を大量に得ることを可能にした。生産高は飛躍した。一七八八年、イギリスには二万台以上のジェニーがあった。一七九〇年には、一〇〇以上の水力工場があり、アークライトはそのうちの五〇万ポンド以上の価値を持つ約一〇箇所を川縁で管理し、約一〇〇〇人の職工を雇っていた。これらの工場には集中化の初期の段階が見られる。原綿の輸入は、一七六〇年の三〇〇万〔重量〕ポンドから一七八一年の五三〇万ポンド、さらには一七九〇年の三二五〇万ポンドへと移行したのである。

　しかしこの時点に至るまで、あらゆる発明は製糸に関わっており、そのために膨大な製糸量をもはや吸収しえなくなった製織とのあいだに重大な不均衡を生じることになった。そこでその一部を輸出せねばならなくなったが、折しもイギリスでは職工の給与が、この分野での人手不足のため、急速に上昇していた。一七八三年、ベル〔Bell 詳細不明〕は、模様を刻み込んだ銅製円筒（シリンダー）の発明によって、織物の捺染（プリント）技術を改良した。

冶金産業の発達はもっと遅かった。ジョージ一世時代の初め、この分野は、溶鉱炉の運転に不可欠な木炭が深刻な欠乏状態にあったため、まさに衰退していた。一七二〇年には五九台しか作動しておらず、一万八〇〇〇トンの鋳鉄を生産したのみであった。ほとんど無尽蔵に埋蔵されていた石炭は、とりわけ暖房のために利用されていた。というのは、石炭燃焼中に発生する硫黄煙が鋳鉄をもろくしたからである。しかし一七〇九年以降、エイブラハム・ダービーはシュロップシアのコールブルックデイル (Coalbrookdale) において、コークスに変えられた石炭を利用し、コークスを溶鉱に利用しうる方法を実験してきた。しかしこの新技術が普及するためには、半世紀を必要とした。なぜなら、それはある種の品質の石炭と、硫黄煙を吹き払う、さらにいっそう強力なふいごを必要としたからである。エイブラハム・ダービーの息子がこの世紀のなかばに技術を改良したが、真の近代的製鉄法が発達しえたのは、一七八〇年頃、ヘンリー・コートによる撹拌精錬法の開発によってであった。

イギリスの冶金需要は一七五七年、アメリカ製鋳鉄の輸入促進の動機となった。七年戦争が鉄の生産を刺激し、ウィルキンソンは一七六二年に新工場をいくつか開業した。一七六四年、冶金製品のイギリス向け輸出がアメリカにおいて禁止された。コークス炉は増加し、一七七〇年頃にはバーミンガム地域の約五〇万人が、冶金で生活していたと推定される。

品質は改良された。一七五〇年、ドンカスタ (Doncaster) の時計商、ベンジャミン・ハンツマンは、さらに堅固でさらに夾雑物のない鋼鉄を製造しうる方法を発明した。この方法はシェフィールド (Sheffield) の冶金業者の採用するところとなり、この時点以降、その名声が確立された。鋳鉄の総生産量は一七八八年の六万八〇〇〇トンから八年間で倍増して、一七九六年には一二万五〇〇〇トンとなり、さらに一〇年間でふたたび倍増し、一八〇六年には二五万トンにまで達した。他の分野と同じく、真の飛躍は一七九〇年代に見られたのである。

鉱山業の発達は冶金のそれと緊密に結びついていた。家庭内暖房のほかに、石炭は、ガラスや鉛、銅、煉瓦、瓦、陶器などの製造に利用されていた。この世紀の初め、ノーサムバランド、ウェールズ南部、そしてスコットランド低地帯の炭鉱が最も活発であり、一七〇〇年に二五〇万トンであった生産量は、一七七〇年には六〇〇万トン、そして一八一五年には一六〇〇万トンに達した。炭鉱はノーサムバランドのデラヴァル家のような大土地所有者たちに所属していた。

採掘技術は徐々に進歩し、竪坑の深さは増して、カムバランドでは一五〇メートルにも達した。ポンプによる排水が依然として重要な課題であり、ニューカマンの機械はほとんど効果がなかった。また事故も、一七二六年にデフォーが述べている爆発――六〇人の死者を出した――のように〔*Tours* 658〕頻繁に起きた。同じくデフォーによれば、三万人の鉱夫と一万人の船員が、ノーサムバランド産石炭を採掘し、ニューカースルとサンダランド経由、海路ロンドンへ輸送するためにだけ雇われていた。

石炭の真の飛躍はもちろん、蒸気機関以降であるが、そのためにはジョウゼフ・ブラックによる潜熱および蒸気についての研究と、グラースゴウ大学のために器具を製作していたジェイムズ・ウォットの仕事との結合を待たねばならなかった。一七六九年になって、ウォットはその冷却器を開発し、次いでボウルトンと協力して、回転式機械を開発した。最初の蒸気タービンは一七八五年、ノッティンガムに出現し、次いで一七八九年にもう一台、マンチェスタに出現した。ここでもまた、一七九〇～一八一五年が決定的な時期であり、蒸気時代の幕開けとなったのである。

石炭に大きく依存するもう一つの産業は製陶業であり、一七五九年、ジョサイア・ウェッジウッドの開発した方法によって十八世紀に真の革新を迎えた。この傑出した人物は、九歳からスタファッドシアの工房で働き、製陶のあらゆる技術上の作業を完璧に体得し、さらにギリシアとエトルリアの古美術品を研究して、独特な陶器を創出した。それは、品質によっても、また当時のポンペイ壁画風趣味とぴったり合致する古代風装飾によっても、たちまち成功をかちえることになった。今日もなおイギリスでは高く評価されている「ウェッジウッド」の陶器工場は、アーサー・ヤングのこの時代ですら、すでに一万人を雇い入れていた。この成功には同時に、規格化の進行が伴うことになった。一つの装飾のモチーフが選ばれ、多くの品物にそれが再生された。さまざまな目録が最も流行している形式(モデル)を広め、土地所有貴族たちの大邸宅、すなわちカントリ・ハウスの室内装飾にすら採用された。規格化は家具の領域にも、チッペンデイル、ヘップルワイト、シェラトンなどによって進められ、またボウルトンによってボタンの規格化も進んだ。

イギリスのように小規模な国土においてさえ、国内交通の遅さは長期にわたって産業の飛躍を妨げた。旅行者たちの意見は一致していた。道路状況が非常に悪かったのである。家畜の群れや鈍重な二輪馬車に利用され、しかも通常その責任を負うはずの教区によってきちんと手入れされなかったから、イギリスの道路は、たとえばフランスのそれとくらべると、質の面でひどく見劣りがした。ダニエル・デフォーはこの時期の初め、一七二四〜一七二六年のあいだに『大ブリテン島周遊記』〔*A Tour thro' the Whole Island of Great Britain* 518ff.〕においてその記述を残している。この世紀のうちに有料道路協会(ターンパイク信託)の増加とともに、改良がもたらされた。この協会は特定の区域の維持のための責任を負い、利用者から有料道路の通行料を徴収した。こうした信託の数は、一七四八年の一六〇から一七七〇年の五三〇に増え、またジョン・メットカーフのような技師が、重要な改良をもたらした。彼はヨークシアとランカシアにおいて、三〇〇キロメートルに及ぶ優良道路を確保した。

しかしこれだけではまったく不充分であった。アーサー・ヤングは一七六七、一七六八、一七七〇年と三回にわたりこの国の南部と西部、北部、東部を視察旅行した際の報告書のなかで、こうした道路について「まさに山羊にぴったり」と、留まるところを知らず毒づいている。このような流通の悪条件が、非常に高騰した通行料金とともに、陸上輸送の法外な費用をもたらした。たとえばロンドン＝リーズ間では一トンあたり一三ポンドであり、このためターンパイク信託に対する暴動が何度も起こり（一七二六、一七三二、一七四九、一七五三年）、遮断機などが破壊された。

河口が大きくえぐられた海岸線を持つこの国の地形は、航行可能な河川（一七二〇年以降二〇〇〇キロメートル近く）を利用して延長された、沿岸航行への大幅な依存を招くに至った。一七五九年、ブリッジウォーター公はワースリ（Worsley）の炭田をマンチェスタと結ぶ私用運河を開き、それによってこの年の炭価を半額に低落させた。これはまだ例外的な成果であり、運河時代の開幕を見るには、この世紀の終わりを待たねばならなかった。

植民地および外国向け貿易の発達のおかげで、十八世紀はイギリスのあらゆる港湾にとって繁栄の時代となり、そのなかでもまず第一位となったのがロンドンであった。グリニッジ（Greenwich）からロンドン塔までのあいだに二五のドックと三三の造船台が梯列に配置されたのである。第二位は、黒人奴隷取引で栄えたブリストルであったが、東インド会社とさほど強く結びついていなかった新参のリヴァプールに徐々に追いつかれることになった。リヴァプールは三角貿易に乗り出し、タバコとキャリコの輸入に当たった。一七三四年の浮きドック建造や、マンチェスタとヨークシアの木綿および冶金業に隣接していることもまた、切り札となった。これらの三大港に次いで、グラースゴウを別にすれば、一ダースもの重要な港湾があった。ニューカースル、サンダランド、ハル（Hull）、グリムズビ（Grimsby）、キングズ・リン、〔グレイト・〕ヤーマス、ハリッジ（Harwich）、ポーツマス（Portsmouth）、サウサムプトン（Southampton）、プリマス（Plymouth）、スウォンジ（Swansea）、ホワイトヘイヴン（Whitehaven）である。

外国貿易の数字は、大きく黒字となる収支を示しており、それは、価格の点で輸入よりも輸出においてはるかに重要な取引となって現われている。すなわち、輸入が一七一四年の五八万ポンドから一七六〇年の八九五万ポンドに達したのに対して、輸出は七七〇万ポンドから一四七〇万ポンドへと倍増したのである。

主要な輸出品は、繊維製品、冶金製品、陶器、そして錫であったが、それらに、タバコ、砂糖、キャリコ、銅の再輸出を付け加えねばならない。輸入に関しては、羊毛、亜麻、麻、木材、船舶用タールなどの原料、そしてそれ以上にワイン、アルコール、茶、コーヒー、毛皮などが見られた。特別に利益があったのは有名な三角貿易であり、それは「アシエント」と認可船を介して、南米のスペイン市場への浸透を伴うことになった。貿易上の主要な相手国はやはりオランダであり、次いでアメリカ植民地、ドイツ、東インド、ロシアであった。インドとの交易は留まることなく増大し、東インド会社の巨船群、いわゆる「東インド会社船」（East Indiamen）は香料、綿製品、そして四〇〇〇万重量ポンドもの茶を持ち帰った。

最も困難を極めた領域は地中海と近東であり、そこではフランスとの競争が激化していた。イベリア半島からは原羊毛とワインが、加工製品との交換で輸入された。ロシアとの交易は大きな赤字（輸出七万ポンドに対し、造船関連製品の輸入九五万ポンド）となった。オランダとの関係はとくに複雑であった。

アムステルダムが、ロンドン同様、熱帯(トロピカル)およびヨーロッパの製品の再分配中心地だったからである。そのうえ、オランダは金融業での最大のパートナーであり、イギリス国債の最大の購入者でもあった。

フランスに関しては、あらゆる領域におけるその競争関係と一七四四年以降の絶え間のない戦争とが、イギリスとの交易の制約された状況を物語っている。そのため、イーデンを交渉役として、冶金製品の関税を一〇パーセントに下げ、絹を除く繊維と陶器のそれを一二パーセントとし、アルコール類のそれを半減するとした一七八六年の通商条約も、実際には、いつまでたっても実現されそうもない大きな期待を抱かせたにすぎなかった。

こうした貿易を完全に独立して実行するために、政府も世論も、植民地および本国の製品の輸送をイギリス船に限定しようとする重商主義に好意的であった。それこそが十七世紀中葉、クロムウェルの時代に取り入れられ、つねに実効性のある「航海法」(Navigation Acts)〔クロムウェルの航海法は一六五〇年、一六五一年、チャールズ二世のそれは一六六〇年、一六六三年制定。沿岸貿易以外は一八四九年、沿岸貿易については一八五四年、それぞれ廃止〕の目的であった。海運の発達は社会のあらゆる階層の意見の一致を見るところであり、商船の総トン数は、かくて一七一四年の四二万トンから一七六〇年の五〇万トン、さらに一七八五年の八七万トンにまで達したのである。

原則として重商主義は外国貿易をつねに支配してきたが、実際には自由取引がますます重要な役割を果たすようになった。トルコ会社(Turkey Company)、イーストランド会社(Eastland Company)、ロシア会社(Russian Company)、ハドソン湾会社(Hudson Bay Company)などのように独占権を持つ会社は、ますます弱体化した。南海会社は単純な銀行となった。東インド会社だけが相変わらず強力で、領土権を持つにまで至り、この世紀の末までその特権を保持した。

金融の領域では、資本主義機構の大まかな輪郭がすでに一七一四年にでき上がっていた。王政復古以降、金融上の技術は軌道に乗ってきていた。ロンドン株式取引所（Stock Exchange）はアムステルダムのそれに次ぐ、世界第二位のものであった。イングランド銀行は国債を管理した。一七六〇年、一億三〇〇〇万ポンドにまで上昇したこの国債の管理は、この時期の関心事の一つであった。南海泡沫事件の不幸な経験のあとで、減債基金と国債投資は、ジョージ王朝の非常に重要な活動領域となった。
他方、銀行組織は一七五〇年以降、明らかに膨張し、ロンドンにおける銀行数は一二から、一七九三年には四〇〇近くにまで達した。この世紀なかばまで商業活動と密接に関わっていた銀行は、専門化された金融機関となった。

さまざまな分野におけるこうした進歩の蓄積は、経済思想を刺激し、伝統的な原理を批判して資本主義的自由主義の基盤を設定することになった。一七七六年には政治経済学の隅石の一つ、『国富論』（*The Wealth of Nations*）が出た。著者アダム・スミス（一七二三〜一七九〇年）は、グラースゴウ大学の道徳哲学教授ののち、スコットランド関税委員となったが、ヨーロッパを旅行し、おびただしい量の事実と数字を蓄積し、またフランスの重農主義者たちとの友情を結んだ。政治分野におけるアメリカ人たちと同様、彼は、自然法が経済を支配すること、だからもしそれを自由に作用させておけば、繁栄がもたらされることを確信していた。したがって、経済関係の分野における人為的な干渉を止め、集合的富の源泉となる個人の利益を奨励するよう、生産と交易の自由を確立せねばならない。国家の役割は次の三点、すなわち暴力からその国民を保護すること、裁判を行なうこと、共有施設の大規模な工事を実施することに要約された。

それほどの知名度ではなかったが、グロスタ（Gloucester）の首席司祭、ジョサイア・タッカーも植民地・

重商主義的制度（システム）に強く反対し、同じ思想を持っていた。『国富論』と同じ一七七六年、哲学者ジェレミ・ベンサムは『統治論断章』（*Fragment on Government*）を公刊し、その四年後には、『道徳および立法の原理序説』（*Introduction to the Principles of Morals and Legislation*）を公刊した。功利主義の生みの親である彼は、制度や法が歴史的状況（コンテクスト）の産物であり、社会の動的な力との衝突を避けるためには歴史的状況とともに進化せねばならぬことを示して、制度や法の聖性を剝ぎ取ったのであった。国家は生産者に規制を課すための干渉を止めねばならない。大切なのは、伝統ではなく、現実なのであり、それに対しては現実主義と実践精神とをもって、行動を適応させなければならないのである。

このようにして、一七九〇年頃には、産業革命と称される経済上の変動にとって必要な要因がすべて出揃った。すなわち、技術、資本、労働力、消費者層、そして自由主義経済思想の基盤である。

II　産業革命の到来（一七九〇〜一八一五年）

フランスに対する二〇年間の大戦の勃発こそが、この決定的な、しかも多様な形での引き金となった。長年にわたるヨーロッパ市場の喪失は、代替となる解決手段の模索を促した。輸入が低下した結果、農産物価格が上昇し、労働の需要を高め給与の高騰を招いた。そこで雇用者たちは、いっそう機械化された新しい生産方法を、いっそう早く実験してみる気になった。戦争が冶金製品の需要を増大させたために、なおさらのことであった。鋳鉄の生産は、前述のように、一七八八年の六万八〇〇〇トンから一八〇六年の二五万トンへと急増した。同時期に、鋼鉄の品質も、ヘンリー・コートの撹拌精錬法が偶然の出来事により一般化したので、改良された。すなわち、共同経営者の自殺後、コートは破産し、その特許を活用する権利を失ったため、誰もが特許料を支払わずにそれを利用しうるようになったのである。

戦争は、外国製鋼鉄の輸入を激減させたため、イギリス製品の開発に別のやり方で貢献したことを付加しておこう。同時期に金属使用が増加した。セヴァン川（一七七六年）、サンダランド（一七九六年）における鋼鉄橋の建設、最初の金属板船舶（一七八七年）の建造などである。ウィルキンソンはこの鉄鋼熱の化身ともいうべき人物であり、鉄製椅子、鉄製家屋、鉄製蒸留工場などを作り、ついに鉄製棺に収められて埋葬されるに至った。一八〇一年から一八〇三年までのあいだに、四七の新しい溶鉱炉が開かれた。

あらゆる分野において、発明が増加した。特許の数は、一七七〇年から一七九〇年にかけて年平均四一であったが、一七九〇年から一八〇〇年のあいだでは六五にも達した。スコットランドでは、ジョン・ロウバックがプレストンパンズにおいて硫酸を作り上げた。一八〇一年、グラースゴウの近くのポロックショーズ（Pollokshaws）において、モンティースは、レスタシアの聖職者カートライト博士によって一七八五年に開発された方法——蒸気織機——を利用した木綿機織工場を開いた。大胆な実業家たちは、とりわけランカシアにおいて、またたく間に木綿製品により財産を築き上げた。たとえばストックポート（Stockport）のオールドノウ、ベリ（Bury）のピール、プレストン（Preston）のホロックスなど。とりわけホロックスは一八一六年、プレストンの四つの工場で七〇〇〇人の紡ぎ手を、そしてその周辺に分散する七〇〇〇人の職工を雇っていた。マンチェスタの人口は、一七九〇年から一八一五年までに倍増した。オールダム（Oldham）も一七六〇年から一八〇〇年までに四〇〇〇人から一万二〇〇〇人へと増加した。原綿の輸入も需要に応じるために倍増した。一七九八年には三二〇〇万（重量）ポンド、一八〇二年には六〇〇〇万ポンド、そして四年間で新たに倍増し、一八〇六年には一億二三〇〇万ポンドとなった。大陸封鎖[1]によるヨーロッパ市場の一時的喪失を補うべく、新しい市場が南アメリカに開かれたのである。

（1）一八〇六〜一三年にかけてナポレオンが実施した対イギリス経済封鎖政策（Continental System）。本書第六章Ⅲ参照。

羊毛産業はさらに困難な状況を、一つには供給調達の諸問題のため、体験した。すなわち、イギリスの羊は何よりもまず食肉用として飼育されていたし、それにスペインとの戦争は上質の羊毛の輸入を妨げ、価格が高騰した。一袋九シリング（一七八五年）が一九シリング一〇ペンス（一七九五年）となったのである。リーズ、ブラッドファッド（Bradford）、ハダズフィールド（Huddersfield）、ハリファックス（Halifax）など、ヨークシアのウェスト・ライディングの地域では、羊毛産業が近代化されたにもかかわらず、一八一五年には木綿産業が羊毛産業を王座から引きずり降ろしたのであった。

蒸気機関の君臨が始まった。一八〇〇年には、ランカシアにおいて稼動中の蒸気機関は八四台を数えたが、一八一五年には数百台となった。それは一分間に一五〇回叩く自動ハンマーのような新しい装置（エンジン）を作動させ、冶金業の能力を増大させた。

重量のある製品は、運河の開設により、以前よりもたやすく、かつ安価で流通するようになった。スコットランドでは、カレドニア運河（Caledonian Canal）が一八〇三年に着工され、またフォース湾とクライド川の連結（Forth and Clyde Canal）も確保され、クリナン運河（Crinan Canal）は一八〇一年に開通した。中部地方においては、ロンドン、オクスフォード、そしてウォリックシアを結ぶグランド・ジャンクション運河（Grand Junction Canal）が一七九三年から一八〇五年のあいだに実現し、バーミンガムはセヴァン川と結ばれ、さらにグロスタやバークリ（Berkeley）の地域における西部地方の交通網は、ほぼ完成した。それよりずっと北では、アイリッシュ海が、リヴァプール＝リーズ運河――ペナイン山脈において三〇〇メートルの高さに達し、ハムバ（Humber）川にまで延伸された――によって北海に連結された。

道路網は、この時期の終わりになって改良され始めた。それは、橋や運河と同じく道路の建造者、トマス・テルフォード技師の初期の成果であり、またあの高名なマカダムによって一八一一年、議会に提案された方法――二、三センチメートルの大きさに砕いた小石の道床の上に道路を建造する方法――のおかげであった。一八一五年、マカダムはブリストルの道路改修を委託された。彼の方法はずっとあとになってから実を結ぶことになるが、その一方で、すでに新しい競争相手が現われていた。炭坑や冶金業の地域において、重量荷物は、並行する鉄製線路の上を動くトロッコに載せて曳かれていた。こうした鉄路は、タイン（Tyne）川地域ではすでに四〇〇キロメートル近くに及び、またウェールズ南部にも敷かれていた。一八一〇年から一八一六年までに、グロスタとチェルトナム（Cheltenham）のあいだに線路が敷かれた。あとはそこに蒸気機関車を走らせるだけであった。

海運も同時期に、戦時中の需要に対応すべく発達した。総トン数は、一七九三年から一八〇二年までに三三パーセント増大し、この時期には一万九七七二隻、二〇三万七〇〇〇トンに達した。最初期の蒸気船は、まず運河に出現した。港湾では、ドックが増加した。ロンドンには、東インド・ドック、西インド・ドック、ロンドン・ドック、コマーシャル・ドック、サリ・ドックがあり、それぞれに再配送に備えて商品を貯蔵する倉庫が設置された。ブリストルは浮きドックを装備し、ハルも設備を整えた。

戦争と大陸封鎖にもかかわらず、外国貿易は留まることなく発展し、一七九二年の輸入額一七〇〇万ポンド、輸出額二二〇〇万ポンドは、一八一五年にそれぞれ三〇〇〇万ポンドと三八〇〇万ポンドに達した。
農業の分野では、戦争が価格の急騰を招いた。輸入の減少と人口の増大とが結びつき、一七六〇年の一クォーター三三シリング三ペンスの麦価は、一七九四年には六〇シリング、一七九六年には九〇シリング、一八〇〇年には一四二シリングに上昇した。このような高騰は庶民の不満を募らせ、農業の近代化を促した。囲い込みは増加し、一八〇三年の「一般囲い込み法」（General Enclosure Act）は手続きを簡略化し、事実上、どの土地所有者も希望した時点ですぐ、囲い込みができるようになった。産業が余分な労働力を必要とした、まさにその時期において、田園からの脱出が進行したのである。

このような方策は、ますます新興市民階級から要請されるようになった自由主義の感覚で進められた。新しい世代の経済学者たちが、アダム・スミスの思想を発展させた。一八一〇年、デイヴィッド・リカードは『金塊の高価格』（*The High Price of Bullion*）において、投資、価格、賃金の分野における自由放任主義（レッセ・フェール）を擁護した。こうした分野に関しては、唯一、需要と供給の法則のみが支配すべきであり、その一方で通貨収縮（デフレーション）を促進すべきである、とした。

しかしこの自由主義に付随して、何人かの雇用者たちはすでに労働者階級の諸問題を認識していたのである。彼らはそれぞれの労働者たちを物心両面で引き受ける家父長制度を入念に作り上げた。最も有名な、そして同時にこうした解決手段の曖昧な特徴を示している例が、ロバート・オウエンの場合である。馬具商の息子であった彼は、産業の変化が進取の精神に対して認める、社会的成功の化身であった。一七八九年、彼は借金した一〇〇ポンドを資金として実業界に乗り出し、木綿工場を設立した。銀行家で実業家のデイヴィッド・デイルの娘と結婚して、スコットランドのニュー・ラナーク（New Lanark）の工場の共同経営者となり、一八一三〜一八一四年の著書『新社会観』（*A New View of Society*）において展開される社会思想の応用実験室とした。

彼の方法は、博愛主義的かつ専制的な家父長主義に依存していた。ロバート・オウエンは彼の労働者たちの生活すべて、彼らの住居から余暇に至るまでを管理した。競争心は、最も生産力のある者を目立たせる色バッジ制度によって、確保された。モラルは厳しく、雇用者みずからが暴飲者たちに教訓を垂れた。オウエンの考えでは、誕生したばかりの労働者階級の悪は好ましからざる環境からきており、それさえ改善すれば、その道徳水準を高めることができるのである。彼は子供たちの教育を引き受け、彼らの知性と感情両面の育成をはかった。かつては職工であった、博愛主義者のこの偉大な雇用者は、労働者協同体として彼の社会を組織し、また未来については全面的な集産主義社会を想定し、一八二五年以降、インディアナ州のニュー・ハーモニー（New Harmony）協同体において、その実験を試みた。この空想的共産主義の資本家はとりわけ、全体的変動を受けた一つの社会において、新しい産業時代が抱えることになる矛盾を予告しているのである。

III 階級社会

ジョージ王朝時代のイギリスは、世界で初めて人口推移期に入った国家である。出生率が高い水準を維持する一方で死亡率が緩やかに低減したので、注目すべき人口増加が生じることになった。しかも時代のまた別の徴候として初めて、信頼できる数字が自由に使えるようになった。早くも一七五三年に国勢調査の計画が提起されたが、世間の風潮はまだこのような調査を受け入れる準備がなく、議会はこれを、「イギリス国民の自由の最後の名残を全面的に打倒する計画であり、忌むべき、かつ愚かな法案」と決めつけた。帳簿に載せられることは、何世紀も前から、耐えがたい「兵隊扱い」と考えられてきた。約五〇年後〔一八〇〇年〕、この法案は何の問題もなく議会を通過し、その主要な責任者となったジョン・リックマン——ベンサムの弟子の一人——は、よき功利主義者として、集合的な幸福の実現は個人の利益の充足に依存しており、そのためには人口の統計上の知識が必要である、と考えた。国勢調査は、大ブリテン島の人口が一〇九四万二六四六人、すなわちこの世紀全体では約五〇パーセントの増加であることを明らかにした。その後、動きは早まり、一〇年間で一四パーセントの上昇となり、一八一一年には、一二五五万二一四四人の住民となった。

死亡率の低下が、この上昇の主要な要因であった。医学上の進歩は、ロンドンのいくつかの大病院の枠内とエディンバラの医学部において、確実なものとなった。種痘の趣旨も次第に理解されるようになり、ジョージ三世自身が手本を示した。もっともジェンナーの方法が実際に成果を収め始めるのは、十九世紀初頭になってからのことであるが。グロスタシアのこの医師が、牛痘から発生する天然痘に対するワクチンを開発したのは、一七九六年であった。

同じように食餌療法でも、ウィリアム・スタークとジョウナス・ハンウェイの尽力によって進歩が見られ、他方、海軍では壊血病の予防に新鮮な野菜とオレンジが非常に有効であることが分かった。ハチミツ、果実、チーズ、肝油が、ますます利用されるようになった。十八世紀の前半では、安いジン酒の消費が庶民階級に信じがたいほどの荒廃をもたらした。ロンドンだけでも六〇〇〇軒以上のにわか仕立ての酒場（dram shops）が、この恐ろしいアルコール飲料を不法に販売していた。ホウガースのあの有名な版画《ジン横丁》（*Gin Lane*）〔一七五一年〕で戯画化されたジン酒の流行はまさに社会的害悪であり、これに対して一七四〇年代に規制への請願が波状的に提出され、ついに一七五一年、議会はようやくこの飲料に重税を課し、かつ不正販売に対する処罰を強化する法律を成立させた。この災いはやがて後退し、茶の消費を促進することになる。また同時に、しばしば衛生的ではない乳母の授乳を止めて牛乳による保育が促進されたため、幼児の死亡率はさらに減少した。

人口増加は、田園からの流出により都市に波及していった。ロンドンは今やヨーロッパ最大の都市であり、住民が一〇〇万を越え、さし当たっての競争相手、グラースゴウ、エディンバラ、マンチェスタ、リヴァプール——いずれも人口が約一〇万となった——の一〇倍であり、他方、バーミンガムは八万五〇〇〇、ブリストルは七万六〇〇〇、リーズは六万二〇〇〇であった。ランカシアの新興都市の成長速度は、前例のない現象であった。

人口増加の劇的な速度は、当時の何人かの人びとを不安に陥れた。一七九八年、トマス・ロバート・マルサス師はその著書『人口論』(*Essay on the Principle of Population As It Affects the Future Improvement of Society*)において警鐘を鳴らした。当然のことながら、その時代的背景をさしおいてマルサスを公正に判断することはできない。すなわち、未曾有の自然増加率を伴った、人口変動の第一段階ともいうべき新現象、戦争と結びついた、食料品価格の猛烈な高騰、それに新しい産業都市における加速された貧困化などである。彼は、人類の運命は改善されえないという結論を引き出した。すなわち、経済生産力を増大すれば必ず人口の増加を伴うが、資源が算術級数的進行で増大する一方で、人口は幾何級数的進行をするため、結果としてすぐ生活水準をまた低下させてしまう。結論は道徳の次元にある。すなわち、庶民階級は高すぎる出生率ゆえのみずからの不幸に責任があり、そして貧困は、死亡率を増大させて、人口を適切な水準に導く調整弁なのである。

ジョージ王朝時代のイギリスの社会階層については、一八〇一年の国勢調査の結果を踏まえて検討することができる。この調査は、すぐ前の時代の、限定された事例に関する社会史研究よりもずっと正確な情報を提供しているからである。まず検証しうることは、十八世紀社会のピラミッド構造がまだ真の変革を受けていない、ということである。その頂点には依然として大貴族と、年収四〇〇〇ポンドを超える、約三〇〇家族の土地所有貴族とがいる。こうした上流階級に加えて、より低い階級ながらも同じ生活様式を維持する約七万の、地主、郷紳、勲爵士（ナイト）、準男爵（バロネット）があり、土地から年収一五〇〇ポンド以上を得ていた。

こうした土地貴族制度はつねにこの国の頂点にあり、過半数の国会議員を送り出して、世俗生活の手本を示した。地方において彼らは、端正で簡素なカントリ・ハウスで暮らし、周囲には、この時期のイギリスの田園に広がっていた、幾何学式庭園、あるいは自然庭園〔風景庭園〕が見られた。彼らは定期市や、近接した大都市の舞踏会やパーティに頻繁に出かけたり、また温泉町に長逗留して、途方もない大金を賭博ですってしまい、中には自殺する者さえ一人ならずあった。こうした生活はいわば体系化され、十八世紀では大きな広がりを見せたので、当時「イギリス病」が話題となり、一七三三年にはチェイン博士の著書『イギリス病』（*The English Malady*）が、そのことについて検討している。国会議員で約三〇人、大貴族で約四〇人が、この世紀のあいだに賭博の借金が原因で自殺した。

流行の中心はバースで、この王国のあらゆる貴族たちが赴き、ウィリアム・ピットはここで痛風の治療をした。この町では、三日月形（クレッセント）の広い大通りに沿って豪華な建物が広がり、評判となった。この世紀の前半の社交係長、「伊達男（ボウ）」ナッシュの指揮のもと、豪奢な祝宴が宴会場で催され、人びとはラルフ・アレン――単に眼の保養のために、自分のタウン・ハウスの前の丘の上に石造りの城塞の正面を築かせた――を真似て乱費を競った。

エプサム（Epsom）、スカーバラ（Scarborough）、ニューマーケット（Newmarket）などの競馬場にも、人びとは足繁く通った。クリケットも楽しまれ、あの類のないほど複雑なルールは一七四四年、初めて体系化された。貴族的で、とりわけイギリス的なこのスポーツは、自制心という個性を発展させた。ボウルトン公の息子は、ハムブルドン・クラブ（Hambledon Club）をこの国随一のチームとした。

上流階級は、知的関心も持っていた。教養には心を配り、若い貴族は通例、「大旅行（グランド・ツアー）」と呼ばれる数か月のヨーロッパ旅行に出かけ、パリ、ヴェネチア、フィレンツェ、ローマ、そして時にはウィーンなど、この時代の知的中心地の言語と芸術への手ほどきを受けた。平和時には海峡横断は盛んであり、マダム・デュ・デファンやそのライバルたちのサロンで、フランスの才人たちと触れ合うようになった。政治、芸術、文学についての洗練された会話は、お気に入りの関心事の一つであった。

もっと定期的に熱中できたのは、当時貴族たちのあいだに流行した組織、クラブに所属することであった。キャッチ・クラブ（Catch Club）やディレッタント協会（Dilettanti Society）のような威信のあるクラブは、その知的活動にかけて王立協会（Royal Society）とほぼ匹敵していたが、大部分のものは、酒飲みや賭博師たちの集会であった。ロンドンは、オペラやとりわけ劇場のおかげで世俗生活の中心であり、劇場では、すでにスターとなっていたギャリックやシドンズ夫人のような俳優たちが出演した。衣装の流行現象も見られるようになり、洒落者たちが始終出入りする密会や散歩の場、ヴォクソール（Vauxhall Gardens）の歩廊では、誰もが眺め、かつ眺められることができた。ちょうどパリのパレ・ロワイヤル同様、ヘンリー・フィールディングによれば、「極めつきの美女たちを見ることができ、みずからの虚栄心とみずからの快楽探究心とを満足させることができる」〔Fielding 23〕場所なのであった。

階級意識は、社会のエリートたちのあいだでは、きわめて強かった。十八世紀の貴族たちは、フランス貴族のような特権を持たなかったが、その自尊心と傲慢さは共有していた。この国の「生来の」エリートだと思い込んでいる彼らは、みずからの洗練、才気、財産に満足し、下層階級の人びとを軽蔑した。まさにこうした時期に、イギリスでは社会的断層が完成し、そうした断層は、何よりも財産による差別に基づき、さらに教育制度により永続化される、根深く不平等でエリート主義の階級社会に行き着いたのである。イートン、ウィンチェスタ、ウェストミンスタなどのパブリック・スクール、そしてオクスフォードとケインブリッジの両大学は、自己訓練の伝統を誇る金持ちの道楽息子たちが抱く貴族的偏見を永続させる組織となった。シェイクスピア劇と似て最下層民のフォルスタッフたちが君主たちと親しく交わったテューダー朝イングランドのお人好しの社会に代えて、ジョージ王朝のイギリスは、少数の貴族が人民を軽蔑しかつ恐れている、金銭に基づく階級社会を作り出した。この時期の最高の才人たちも、この変化を免れなかった。貧困を怠惰のせいであるとしたダニエル・デフォーから、労働者階級が砂糖入り紅茶のようなぜいたくな飲物を張り込みたがっていると非難したアーサー・ヤングに至るまで。ついでながら、社会契約説の生みの親、あの畏敬すべきジョン・ロックですら、貧乏人たちは「規律の緩みと品行の堕落」のためみずからの貧困に対して責任がある、とした。労働者層の増加はヴィクトリア女王時代を特徴づけることになる社会の亀裂を増大させただけであった。

十八世紀フランス社会との違いは、この貴族階級が金持ちの新参者たちにも開かれていたという点である。というのは、社会的差別の主要な基準がここでは金銭だったからである。ジャン・ルーケは一七五五年、「イギリス人はいつも精密天秤を手にしていて、出会った人たちに対するみずからの振舞を調節するため、その天秤でその人たちの家柄、身分、そしてとりわけ資産を細心に計量する」

〔Watson 36〕、と書いている。かくて、卸売商人、船主、ピットの祖父のような東インド会社の成金、そしてこの時期の末には産業人や銀行家など、成り上がりの資産家たちも、時宜よく登場した。それに土地所有貴族も、こうした事業に関わることをいとわなかった。

一八〇一年の国勢調査に戻ってみよう。年収七〇〇ポンドから一五〇〇ポンドのあいだには、約二五万人の中産市民階級または上層中産階級の構成員たち、すなわち、高級官吏、大商人、および卸売商人、中規模地主などがいた。一五〇ポンドから七〇〇ポンドのあいだでは、五〇万人の裕福な商人たちが地方の市民階級を構成しており、他方、一〇〇万人の農場経営者たちは平均して一二〇ポンド前後で、教区牧師や、二五万人のパブの主人と小商人たち、そして五〇万人の小規模自由土地保有者たちと、ほぼ同じ水準に位置していた。刻苦して五五ポンドを得ている二〇〇万人は職人と親方見習職人たちで、貧窮寸前であった。大学教員と協会役員、約二〇〇〇人も、それよりもましな分け前をもらっているわけではなく、平均六〇ポンドであった。鉱夫たちは四〇ポンド、一二五万人の農業労働者たちは三一ポンド、浮浪者、物乞い人、売春婦、一〇〇万人の貧困手当受給者たちは約一〇ポンドで、すべて貧窮のうちにあった。

労働者たちの境遇はさまざまだったが、全体としては羨むべきものではなかった。つねに生産の最も普及した形態であった家内工業においては、一般的に朝六時から夜八時か九時まで働き、日曜のほかには、聖霊降臨祭(ペンテコステ)、クリスマスなどのほんの二、三日――ロンドンの場合はそれに加えて、タイバーン(Tyburn)の公開処刑に当てられていた年間八日――しか休日はなかった。労働者たちのストライキや暴動はまれではなかったが、いつも容赦なく鎮圧された。一七一九年には、賃金の値上げを求めたニューカースルの造船所の労働者たちに対して、一連隊と軍艦一隻が差し向けられた。一七二一年、同様の目的で七〇〇〇人のロンドンの仕立て職人が結集したが、議会はこの運動を非合法と宣言し、賃金の増加を受け入れた経営者たちとそれを受け取った職人たちに罰金を課した。同様の紛争が、一七二六年にはデヴォンとサマセットの機械工たちに、一七五八年と一七五九年にはマンチェスタの機械工たちに、起こった。経営者側の協定は、その反対に、まったく合法とされた。

そうは言っても、労働力の需要拡大は、この世紀を通じて賃金の上昇を促した。ただし地域間と職種間での大きな格差があった。初めのうち、報酬は明らかにどこよりも、ロンドンにおいて高かった。すなわち一七二〇年、熟練職人の日給が三シリング、親方見習職人が二シリングであり、ほかではそれぞれ一シリング六ペンスと一〇ペンスであった。しかしこの世紀後半、イングランド北部における急速な産業化が労働者を呼び入れ、他の場所よりもずっと急速な賃金の上昇を招いた。ロンドンの労働者の年間平均賃金とランカシアの労働者のそれとを比較すると、事態は明らかになろう。ロンドンでは、一七〇〇年の二五ポンドから一七五〇年の三〇ポンドとなるが、この数値は一七九〇年まではずっと動かない。マンチェスタでは、最初の水準は一一ポンド五シリングであるが、一七五〇年には一五ポンド、一七九〇年には二六ポンド五シリングとなる。つまりロンドンでは二〇パーセント、マンチェスタでは一三〇パーセントの上昇となったのである。

賃金格差はかなりのものであった。ニューカースルの炭鉱夫は週給一五シリング、鉛鉱夫は七シリング、陶器工房の女性は六シリング六ペンス、靴下製造所では三シリング三ペンス、リーズの織物工房の児童は一シリング八ペンスである。このような賃金は、一七一〇年、一七四〇年、一七五六年、一七六六年のように、農産物価格がひどく高騰した年には、労働者たちの家族を窮乏に突き落とした。家計は、普通の年でもいつも切り詰められていた。アーサー・ヤングによれば、農業労働者は一八ポンド一〇シリング（年）を得ており、そのうち約一〇ポンドは食費、三ポンドは住居、残りの五ポンドは衣服とその他に当てられていた。

一七九〇～一八一五年にかけては、不均衡が増大するばかりであった。非熟練の、および新式機で働くことのできない賃金生活者たちの賃金は停滞し、他方、マンチェスタの優秀な紡績工は一八一五年、年収四四ポンドを得た。女性と児童に対する需要はランカシアの工場できわめて大きく、ロンドンから孤児と貧困家庭の児童がまとめて大量に送り込まれた。ニュー・ラナークの工場では一七九九年、四三六人の少女と少年が働いていた。

一八一一年と一八一二年には、新しい生産方法の浸透を前にして途方に暮れた集団――とりわけ大勢の失業者を出した熟練工たち――の貧窮のうえに、大陸封鎖による経済上の苦境が加わったため、暴力的反乱の動きが波状的に広がった。この動きは一八一一年冬、ノッティンガムで始まった。労働者たちの集団は、彼らの一人、ネッド・ラッドに率いられ、機械を非難し、狂熱的に破壊した。誓約によって結ばれた秘密組織として、機械破壊者《ラダイツ》（Luddites）は北部の他の産業地域にも広がった。政府と産業界は、どこでも同じ苛酷さで対応した。作業道具に対するいっさいの破壊行為《ヴァンダリズム》に死刑が課せられたのである。一八一三年一月、ヨークでは一七人の労働者が処刑され、六人が流刑となった。機械破壊運動は、一八二〇年代まで続くことになる。

貧窮は、農業賃金生活者の場合でもほぼ同程度であり、バークシアのように、囲い込みによって大きな影響を被った州においてはとりわけひどく、追いつめられて物乞い人となる者もあった。この州では一七九五年、治安判事たちがニューベリ（Newbury）の近くのスピーナムランド（Speenhamland）に集まり、食料品価格と連動した最低賃金を定める決定をした。賃金がこの水準よりも低下する場合、教区当局は救貧税（poor rates）を活用してその差額を支給せねばならない。「スピーナムランド方式」は、急速に他の州にも広がった。社会的連帯という近代的概念に基づきながら、この方式には一つの大きな欠点があった。すなわち、雇用者がこの状況を利用して低賃金を維持し、補填分の支払に対する責任を共同社会に転嫁してしまったのである。

イギリスの当局者たちは、救貧法（Poor Laws）が制定されたテューダー時代から、貧困の問題に意を用いてきた。一五九七年の法律は、各教区に「貧民監督官」（overseer of the poor）を設置し、地域の貧窮者たちを養うための税の集金任務に当たらせた。さまざまな規則がこの制度を補完してきた。たとえば、教区外の貧困者たちは追放することができたし、健康な貧困者たちは地域の救貧院（workhouses）で雇われ、自分たちの生活費を確保した。浮浪者や物乞い人たちには笞打ちを加え、矯正院に収容した。要するに、無情な制度であったが、秩序を確保し、物乞いを終わらせるはずであった。しかしポルトガルの旅行者、ゴンザレスは一七三〇年、次のように書いた。「立法府は、貧民を養うため数多くのすぐれた法令を、そして彼らを雇うための数多くの工場を準備してきた。しかしながら、責任者たちの怠慢のため、これほど貧困者たちを背負わされている国はほかにあまりないし、貧困者たちがこれほどひどい状況に置かれている国も少ない」〔Williams 125〕。

実際、この制度はうまく機能しなかった。一方では救貧税は高くなるばかりで（一七五三年には一〇〇万ポンド、一七七六年には一五〇〇万ポンド）、貧困者たちに対する資産所有者たちの敵意をますます増大させることになり、その反面で貧困者たちは、その恩恵に浴さなかった。無給の貧民監督官たちは、無知で腐敗しており、教区に外部貧困者が入り込むのを阻止することにもっぱら従事していた。飲酒癖、売春、そして犯罪行為が、とりわけ大都市において荒廃をもたらした。ロンドンの評判の悪い区域、ドゥルーリ・

レイン（Drury Lane）や安い売春宿の周辺は、まさに危険な場所であった。田舎では、街道筋の追いはぎたちが、この裏社会に物乞い人たちを集め、一味の首領たちのなかには、ディック・ターピンのように、フランスの強盗団首領カルトゥーシュやマンドランに倣って、近代のロビン・フッド気取りの者もいた。

貧しい児童の運命は、とりわけ悲惨だった。ロンドンでは彼らを週二シリング六ペンスで、何の世話もしてくれないような家庭に里子に出した。事故ときわめて非衛生な状態とが、恐るべき死亡率をもたらした。一七五〇年、ロンドンの一六の教区に預けられた二二三九人の児童のうち、一七五五年まで生存していたのは一六八人にすぎなかった。生き延びた者たちは、次いで二十四歳まで徒弟奉公に出されたが、その間、雇用者の意のままにされた。これら青少年の自殺率は極度に高く、一〇〇〇人の自殺者のうち、三三〇人が二十四歳未満の若者であり、さらにその半数以上は十歳から十四歳のあいだであった。

何人かの博愛主義者たちが、救貧法の運用を改善しようと努めた。一六九六年以降ブリストルでは、ジョン・ケアリが貧困者たちに関するさまざまな組織を統合して、もっと巨大な組合とし、もっと大きな財源から恩恵を受け継いだ。ヘンリー・フィールディング〔一七四八年にウェストミンスタとミドルセックスの治安判事に任命された〕は一七五三年、ミドルセックスのアクトン・ウェルズ（Acton Wells）に五〇〇〇人の貧困者たちのため巨大な工場を設立しようとの提案〔*A Proposal for Making an Effectual Provision for the Poor*〕をした。同じ考えはその直後サファックで、ナクトン産業の家（Nacton House of Industry）として実行に移され、一七七〇年、アーサー・ヤングに称賛された。トマス・コラムは一七三九年、捨児病院〔The Hospital for the Maintenance and Education of Exposed and Deserted Children〕を設立した。ジョウナス・ハンウェイは慈善施設をいくつか創立した。オーグルソープは数百人もの貧民をジョージア植民地に送り込んだ。しかしながらこうした個人の率先した行動も、この問題の根源的状況を変えるに至らなかった。

ジョージ王朝の末期に、イギリスは経済面でも社会面でも変貌した。フランスの変化との対照は明確である。後者では、社会闘争のほうが重視されてフランス革命に行き着き、そこから一八一五年、全体的にはより民主的な組織が生まれたが、経済はナポレオン帝政時代の戦争中に重大な遅滞を伴うことになった。イギリスでは、部分的には非常に特殊な宗教状況のため、社会改革は回避されたが、産業革命が始まっていた。この革命は社会に波及し、貧富間の対立は激化した。一八一五年、英仏海峡の両側では、それぞれ最も不足しているものを気にかけていた。すなわち、ルイ十八世の王国における自由とジョージ三世の王国における平等である。十八世紀を通じての文化の発展は、社会・経済上の変化を反映しており、その解明に役立つのである。

第五章　文化の発展

もしジョージ王朝時代のイギリスが啓蒙時代のヨーロッパを感嘆させたとすれば、それは、あらゆる領域において、イギリスが合理的な均衡を見出すことに成功したからであった。ヨーロッパ大陸においては、多くの国々で依然としてその戒律を課している、宗教に基づく伝統的文化と、理性および科学に基づく、しばしば攻撃的な近代主義精神――フランスの哲学者たちやドイツの啓蒙主義（Aufklärung）のような――とのあいだの、容赦ない対立が目立っていた。それに対してイギリスの啓蒙主義（Enlightenment）は、理神論や理神論的懐疑主義、博愛主義的敬虔主義、伝統と大胆さ、功利主義的実際主義、静穏かつ具象的な良識、などの微妙な調合であり、しかもそこにはユーモアを構成する、あの定義しがたい楽しげな超然たる姿勢が加味されていた。議会制度の芽生えによる政治上の平衡、土地による利益と取引とのあいだの経済上の平衡、理性と信仰とのあいだの文化上の平衡、これこそが、イギリスにフランス革命の混乱を回避させ、かつ「大陸」に対してヴィクトリア女王時代の陰険な優越感を作り出すことになる、常識（common sense）なのである。自信家で、全世界をおのれの裏庭（バック・ガーデン）のごとく考えている、見事ではあるが腹立たしい、十八世紀のイギリスは、シェイクスピアの普遍的精神のまさに後継者であるとともに、キップリングの帝国主義精神の先駆者でもあった。

あたかも十七世紀の革命の行き過ぎが熱狂主義を決定的に失墜させてしまったかのごとく、あらゆる領域において、妥協が優位を占めた。宗教はその最たる一例であった。

I　大問題を棚上げした、社会的かつ愛国的宗教

ジョージ王朝時代の人びとの宗教は、独特のものであった。いくつかの面でそれは、キリスト教というよりはむしろ、ローマとローマ皇帝に対する異教徒の崇拝に似ていた。イギリス国教会制度（アングリカニズム）は実際、愛国心や現在の王朝への執着をよく示しており、それは、宗教的であるとともに愛国的な儀式に要約されている。『神よ国王を救いたまえ』（*God Save the King*）は、賛美歌と国歌の中間に位置しており、国家の標語「神とわが権利」（Dieu et mon droit）と同じく、こうした曖昧さをよく表現している。神、法、そして権利は分離しえぬ三つ（トリオ）の格を形成していて、神性に対し明証というほとんど凡庸な性格を付与しており、残りの二つの構成要素の場合とほぼ同様に、再検討には不快を伴うことになろう。こうしたことがおのずからイギリス国教会制度に、政治制度の場合と同様明白な、平凡な宗教という性格を永続的に付与しているのである。

しかもこの二つの領域間には、さまざまなつながりがある。政治家、とりわけホイッグの政治家たちにとって、イギリス国教会は政体の最上の城砦であり、かつ教会禄（benefice）は、忠誠心に報いるための、また地方の名門家族の好意を獲得あるいは維持するための、手段であった。多くの教会禄名義人たちにとって、教会禄の保持は、彼らの一人が言ったように、「祈ったり、歩いたり、見舞ったりして、研究などできるだけせずに、だらだらと時間を過ごす快適な方法」なのである。

主教は、何よりも彼らの政治上の意見に従って選ばれ、ニューカースル公は彼の支持者たちを主要な主教区に配置した。エドマンド・ギブスンがリンカン（Lincoln）の主教（一七一七～一七二三年）とロンドンの主教（一七二三～一七四八年）への昇進を得たのは、政治権力のおかげであった。同様に、ベンジャミン・ホードリーはバンゴー（Bangor）、次いでヘリファッド（Hereford）、ソールズベリ（Salisbury）、そしてこの国の最も高額な教会禄の一つ、ウィンチェスタ（年収五〇〇〇ポンド）を得たのであった。主教たちは彼らのパトロンに対して、選挙の時期や危機に際して、大いなる奉仕をした。たとえばカーライル（Carlyle）とヨークの主教は一七一五年と一七四五年、ジェイムズ二世派鎮圧軍団を組織した。バースとウェルズ（Wells）の主教、エドワード・ウィルズは、暗号文書を解読する特筆すべき才能を持っていた。

しかも、二六人の主教は法律上、上院議員であり、聖職貴族を構成する。したがって政府は、議会開会時に彼らがロンドンに滞在することを要求した。彼らの投票が内閣のために決定的寄与となったからである。ウォールポールは、彼らのおかげで二度も敗北を免れたのであった。

このような状況下では、聖職者としての彼らの責務はしばしばないがしろにされた。ホードリーは、バンゴーの彼の主教区において六年間でたった一回姿を現わしただけであり、ヘリファッドでは一度も姿を見せなかった。ヨーク大主教、ランスロット・ブラックバーンは、もと海軍従軍牧師で、そこからニコチン中毒とアルコール中毒の習慣をもらい、さらにはホレス・ウォールポールから、後宮を持っているとまで非難された。主教たちの多くはこの間、彼らの職務をきちんと果たしたが、熱意あふれるというほどには至らなかった。

下級聖職者たちはといえば、彼らは貧困の極にあり、総計一万人のうち、一二〇〇人は年収二〇ポンドもなく、六〇〇〇人は年収五〇ポンドを越えなかった。社会的断層がここでも、カトリック教会同様、下級聖職者たちと高位聖職者たちとのあいだに見られた。下級聖職者たちにとっては、補助収入を見つけることがしばしば必要であった。

十八世紀におけるイギリス国教会の精神的水準では、興奮させられるものが何一つとしてなかった。この教会にとって、過去の世紀において多くの損害をもたらした宗教上の熱狂主義ほど、縁遠く、かつうさん臭いものはなかった。宗教は合理的でなければならなかった。それこそ、政治と同様この領域においてもこの時期の大思想家であったロックが、その著『キリスト教の合理性』(*Reasonableness of Christianity*, 1695) において断言したことなのである。神は一つの明証であり、各人の自己認識の保証人であった。宗教は自然の結果であり、慣習的実践となった。きわめてまれな例外を除けば、神学研究はほとんどなかった。

もちろん、非常に重要な例外もある。なぜなら、プラトン主義観念論の極端な形態の父、ジョージ・バークリー(一六八五〜一七五三年)は、イギリス国教会の高位聖職者の一人であり、物象世界の存在を精神による認知に還元していたからである。世界は、われわれがそれに関して抱く観念の原因である神のなかにのみ存在している。それが行動を軽視しない『アルシフロン』(*Alciphron, or the Minute Philosopher*, 1732) の著者の下した逆説的なメッセージである。彼はアメリカに滞在し、バミューダの人びとのために大学を設立しようと努めたのち、アイルランドに戻り、クロイン (Cloyne) の主教となった。もう一人の主教、ジョウゼフ・バトラー(一六九二〜一七五二年)——彼は一〇年に及ぶスタノプ (Stanhope) の平穏な教区牧師ののち、ダラム (Durham) 主教となった——は、キリスト教理性主義の権化となり、証明された真実に基づき、感情と感傷を排除する、確固たる宗教の擁護者となった。彼の『自然にしてかつ啓示された宗教と、自然の組成および運行との類似性』（*Analogy of Religion, Natural and Revealed, to the Constitution and Course of Nature*, 1736）は、論証の手本であった。その反対に、ウィリアム・ローは、イギリス国教会精神にはまったく馴染みのない、そしてベーメから借りた神秘主義に染められている心情的信仰の回帰を告知した。彼の『信仰深く、かつ聖なる生活への真摯な呼びかけ』（*Serious Call to a Devout and Holy Life*, 1729）は、個人的信仰への訴えであった。同様に、エドワード・ヤングの『夜想』〔*The Complaint, or, Night-Thoughts on Life, Death, and Immortality*, 1742-46〕は、すでに前ロマン主義の瞑想の特性を備えていた。

十八世紀においてイギリス国教会は、数多くの批判の対象であった。最も危険な敵対者は、その熱狂主義がもはや流行遅れとなった清教徒たちではなく、この世紀の前半に、ボリングブルックやシャフツベリのような大貴族たちを数多く引きつけた理神論者（ディスト）たちであった。両人ともヴォルテールの文通相手であり、教理（ドグマ）のない自然宗教の弁護人として、神を自然の調和と同一化した。マシュー・ティンダルは、『天地創造と同じ古さのキリスト教』（*Christianity as Old as the Creation*,1730）において、こうした視点を唱える主要な人物となった。啓示には、聖書の批判的検討を通じて、異議が申し立てられた。その先導者たちの一人が、ロックの友人、アントニー・コリンズであった。奇跡の真実性は、デイヴィッド・ヒュームによって疑われ、かつ明白に異議を申し立てられた。ヒュームにとって、奇跡は「自然法則の侵害」であったからである。一七五七年の『宗教の自然史』（*Natural History of Religion*）は、懐疑論への決定的な一歩であった。

清教徒たち——彼らはその後、国教反対者（ディセンター）あるいは非国教徒（ノン・コンフォーミスト）と呼ばれてきた——は後退してしまった。長老派の多くは国教会に戻った。他の者たちはアメリカに向かって出発した。さらにその他の者たち、すなわち最も急進的な人びとは、プロテスタントの枠組から離れて、アリウス派、ソッツィーニ派、ユニテリアン派となった。プリーストリー、プライス、ファーノーなどのような知性人たちの場合が、これに当たる。

一六八九年の「寛容法」(Toleration Act) 以降、彼らは自由にそれぞれの宗派を実践しうるようになったが、官職、大学、軍隊の官位、市自治体への就任あるいは入学は、国教会の儀式に従っての聖体拝領を彼らが受け容れない限り、つねに禁じられていた。最も悪意をもって見られたのはクウェイカー派であり、彼らは君主への臣従の誓約をしないだけではなく、国教会に十分の一税を支払うことすら拒否していた。

一七一五年と一七四五年のジェイムズ二世派反乱の時期の国教反対者たちの忠誠心は、彼らにのしかかっていたさまざまな制約の適用を緩和するのに役立ったが、あの寛大なウォールポール内閣をも含めたどの内閣も、敵対的な規定をあえて撤廃しようとはしなかった。

誰が判断しても、非国教徒の教育制度のほうが、国教会のそれよりもすぐれていた。学校(アカデミー)では、カリキュラムがずっと広汎かつ近代化されており、とりわけ科学に場を与えていた。裕福な人たちによって提供される奨学金は、貧困階級の優秀な生徒たちにも修学の道を開いた。

カトリック教徒たちの状況は、もっと過酷だった。エリザベス一世時代に施行され、ジョージ一世時代まで強制されていた規定は、彼らが議会あるいは市自治体に席を得ることや、何らかの官職に就くこと、医学、法律、教育に関わる職業を営むこと、訴訟を起こすことなどを禁止し、不動産税を二倍課し、国教会教区教会堂に通わない場合には罰金を課した。神父たちは反逆罪法に触れる可能性があり、またミサを唱えたことに対して二〇〇ポンドもの罰金に処せられる可能性もあった。相続に際しては、プロテスタントの直系近親者が財産の全額を要求することもできた。この国の五万人のカトリック教徒たちは厳重に監視され、教皇主義に対する憎悪はけっして絶えることなく、危機の度ごとに再燃した。

こうした強い感情のため、カトリック教徒たちの地位改革の計画はすべて放棄されざるをえなかった。スペインに対する戦争はその度ごとに、教皇主義の恐怖の象徴である「スペインの異端審問所」(Spanish Inquisition) なる決まり文句を登場させた。しかし、平時におけるカトリック教徒たちの状況はそうひどいものではなく、すべての法律を厳格に適用されたことは一度もなかった。一七七八年、サヴィルの「カトリック教徒救済法」(Roman Catholic Relief Act) は立法上の防御手段の初めての緩和であった。

十八世紀イギリスの宗教生活における画期的な出来事はもちろん、ウェスレー兄弟による刷新の大いなる試みである。一七二九年、オクスフォードにおいてチャールズ・ウェスレーは神聖クラブ (Holy Club) を設立した。この会員たちは、宗教を語り、毎日教会へ通うことを目的として集まったのである。彼らの意図は国教会主義の胸中に熱情を呼び醒ますことにあったが、彼らの熱心さと規則正しさゆえに「几帳面主義者(メソディスト)」というあだ名が付くことになった。チャールズの兄、ジョン・ウェスレーも、ジョージ・ウィットフィールドとともに、彼らに合流した。彼ら三人はアメリカにも滞在し、ジョージア州に福音を伝えようと試みるが、大成功には至らなかった。

牧師に叙任されイギリスに戻った彼らは、聖職者たちに締め出されたため、野外で、その熱狂主義に引きつけられた群衆を前に説教 (field-preaching) を行なった。ウィットフィールドはカルヴァン主義を採り入れるに至ったが、ウェスレー兄弟は国教会内部に留まった。ジョンは組織力の天才であり、そのために五十歳にして超人的な偉業を成し遂げることになった。すなわち、疲れを知らぬ旅人として、六〇万キロ以上も馬で走破し、一週に一五回もの説教を行ない、一日に二時間を祈りに捧げた。彼は平信徒の巡回説教師を組織化し、毎週集まっては相互に告白をする一つの協会にまとめ上げた。

一七九一年の死に至るまで、ジョン・ウェスレーはいかなる分離にも反対した。しかしこの世紀末以降、メソディスト派の独自性は、一つの教会を別に作ってしまった［一七九五年分離独立］。社会的に、メソディスト派の重要性はかなりのものであった。すなわち、この新しい流れは、貧困者たちや故郷喪失者（デラシネ）たち、産業中心地の職工たちのような群衆の心に触れた。国教会の儀礼的で心地よい礼拝は、何一つ彼らに働きかけるものを持っていなかったのである。メソディスト派は、宗教のうちに情感（サンチマン）と熱狂主義の役割を復活させた。体制化した教会の外に置かれた人びとに語りかけることによって、メソディスト派は、カトリック国家においては革命の信条へと移行しようとしていた大衆をキリスト教の懐に留めることに成功したのである。母国の体制から否定されたはずのウェスレーが、ある意味では、その体制に革命を免れさせたのである。

他の福音主義運動――それらの規模はずっと限定されており、それらの精神はずっと曖昧だが――も、この世紀の末の社会秩序を維持することに貢献した。「クラパム派」(Clapham Sect) の場合がその一つであり、貴族や大資本家たちから成るこの小さなグループには、ピットの友人ウィルバフォースや、「インド成金」の一人、テインマス卿などがいた。一七九三年以降、クラパム派のジョン・ヴェン牧師のまわりに集まった彼らは、信仰者の内面の刷新の必要性、いっそう熱烈で、いっそう個人的な信仰を主張し、それによって彼らは職工に対してと同様、奴隷に対しても態度を再検討するようになった。しかし彼らの再検討なるものは、純粋に個人的なものであった。社会秩序に異議申し立てをすることなどは問題にならず、それどころかその反対であった。かくして、貧困者たちの学校を創設したハナ・モアは、正しいことばの受け入れを容易にする読み方学習に留まり、彼らをあまりに独立させてしまいそうな書き方の教育を拒否した。社会の序列の尊重がクラパム派の人びとにとっては重要であり、彼らはさらに、聖書協会の仲介により植民地にキリスト教を広めようと企てた。

かくして国教反対者たちの階層は、体制化された社会秩序を強固にしつつ、社会的経済的変化に順応した。イギリス国教会と張り合いながら、彼らはその補完者となり、人民大衆を宗教につなぎ止めるのに貢献した。他方、カトリック国家では教会が産業社会に入りそこねてしまい、労働者階級を失おうとしていた。

II　エリートたちの文化――実用的かつ懐疑主義的な生活技術

総合的に言えば、十八世紀のイギリス社会は、ヨーロッパ大陸よりもいっそう識字率の高い社会であった。貧困者たちに対する教育の実質的な努力は、ジョージ王朝の初頭からキリスト教知識普及協会によってなされ、一七二三年には一三二九校をこの協会が維持していた。たしかにその教育の内容は限定され、キリスト教を基盤とし、役に立つ召使の育成を目標としていたが、それでもやはり一つの始まりであった。この運動は、一八一〇年代になると、貧民教育振興国民協会（National Society for Promoting the Education of the Poor）――一八一一年創立――によって補強され、他方、ジョウゼフ・ランカスター[1]のクウェイカー教徒たちは、この時期に普通教育の制度を要求した。

（1）クウェイカー教徒の教育者。一七九八年以降、ロンドンを皮切りに、助教生制度に基づく学校をイギリス各地に設立し、貧しい子供たちを無償で教育した。

富裕階級にとって、相変わらずギリシア・ラテンの人文学研究を基盤とした中等学校や大学における教育は硬直化しているようにみえた。当時、科学を重視していたのは非国教徒の学校だけであったからである。他方、十八世紀中葉以降、ジョン・ニューベリーが子供向きの本を製作し始めたという事実は、文化の普及の充分な証(あかし)であった。

同じように示唆的なことは、週刊――さらにいくつかの場合には日刊――の出版物が重要な地位を占めるようになったことである。『タイムズ』(*The Times*)、『モーニング・ポスト』(*The Morning Post*)、そして『タトラー』(*The Tatler*)、『スペクテイター』(*The Spectator*)、『ジェントルマンズ・マガジン』(*The Gentleman's Magazine*)のような雑誌には何万人もの読者があり、大きな表現の自由を持っていた。一七二四年以降、ロンドンでは一六もの新聞が刊行された。スコットランドでは一七三九年以降、ニューカースルでは一七四七年以降、雑誌があった。地方における出版は非常に活発だった。大作家たちが定期的にこうした新聞に寄稿し、文学や美術の批評欄のみならず、政治に関してまでも、ほとんどつねに野党の立場で論じた。

大作家たちは、その筆だけで容易に生活していくことができた。彼らの寄稿は人気があったし、その印税も羨むべきものであった。フィールディングは『トム・ジョウンズ』(*Tom Jones*, 1749)の予約で六〇〇ポンド、『アミーリア』(*Amelia*, 1751)では一〇〇〇ポンドを手にした。ポウプはホメロスの翻訳で四〇〇〇ポンド〔この額については六〇〇〇、五〇〇〇、八〇〇〇などの異説がある〕もの前金を受け取った。これは、当時の平均年収の四〇倍に当たる。

このようにして、文学者の地位はかなり改善され、文学はあらゆる領域において大いに豊かなものとなった。そこでは啓蒙主義の精神、批判的かつ合理的精神が非常に明瞭であったが、島国精神特有の要素、すなわち、精神上の犬儒主義（シニスム）から前ロマン主義の憂鬱（メランコリ）にまで及ぶ、控え目な懐疑主義が付きまとっていた。社会と政治に対する批判は、ダニエル・デフォー（一六六一〜一七三一年）にいつもあったし、さらに厳しい精神のジョナサン・スウィフト（一六六七〜一七四五年）に至ると、この世紀において最も辛辣で最も痛烈なものとなった。実際、一七二六年の『ガリヴァー旅行記』（*Gulliver's Travels*）において、このイギリスのヴォルテールがブロブディングナグ〔巨人国〕の国王に「貴君の同朋の大部分は、その全体として見るに、大地の表面を這い回ることを自然が許してきたもののなかでも、最も忌まわしい小害虫と結論せざるをえない」と言わせたとき、それは、人類全体を意図していたのである。

社会は、その構成員たちがこうした判断を下すことを許さない。ロンドンから追放されたスウィフトは、アイルランドのぱっとしない首席司祭職（ディーン）に追いやられ、ポウプに宛てて、人類に対する怒りを次のようにぶちまけた。「私の仕事の主要な目標は世間を批判することであり、それを楽しませることではない。……いつでも私はあらゆる国家、知的職業、共同体を忌み嫌ってきており、愛情はすべて個人に向けられるのだ」〔「ポウプ宛書簡」、一七二五年九月二十九日〕。これは、同じ時期に「目が覚めたら、人類を無視することができるのではないかという希望を抱いていつも床に就く」と書いたフェルネの哲学者〔ヴォルテール〕に近い精神状況である。

もっと軽いものではあるが、この時代のイギリス社会を描写した貴重な存在は、小説家リチャードソン、スモレット、そしてとりわけフィールディングである。彼は『トム・ジョウンズ』において、社会の最下層や周辺に生きる人びとの世界を探求した。ロレンス・スターン師（一七一三〜一七六八年）は、独特の人物で、実生活ではいやな人柄だが、『トリストラム・シャンディ』（*Tristram Shandy*, 1759-67）において見事な心理的肖像画を描き上げた。

個人の読書が大きな割合を占める社会において、小説が流行のジャンルになったとすれば、テューダー王朝時代に無学の大衆を引きつけていた劇場のほうは、危機的状況にあった。第一級の新作は一つとして目に留まらなかったし、無視しえぬ国民的英雄シェイクスピアを相変わらず上演しているとしても、当時の趣向に合うように改作したり、不快な表現や破格語法、そして奔放露骨さを取り除いたりしてのことであった。十九世紀初頭になってようやく、ロマン派の人びとがシェイクスピアの豊かさを再発見することになるのである。

対照的に、詩は十八世紀を通じてずっと、ポウプの古典的形式においても、またバーンズのケルト的表現においても、重要な地位を占めていた。一七一九年のアディスンの死後、アレグザンダー・ポウプ(一六八八～一七四四年)は、完璧な形式を備えながら、思想上の壮大な独創性は持たぬ作品によって詩壇に君臨した。『道徳詩』(*Moral Essays*)や『諷刺詩』(*Satires*)は、ホメロスの有名な韻文訳とともに、疑いもなく彼の傑作である。彼の後継者たちは、形式上の才能抜きで、彼の主題の凡庸さだけを維持することになる。まったく異なるのは、ダムフリーズ(Dumfries)のスコットランド人、ロバート・バーンズ(一七五九～一七九六年)であり、彼自身は当時の社会的慣習に完全に順応していたとしても、そのケルト的な霊感には一つとして型にはまったところがなかった。彼の作品の主要なものは、一七八五～一七八六年の六か月間に作られており、それで彼の霊感は汲み尽くされてしまったかの観がある〔ただし『スコットランド民謡集』(一七八七～一八〇三年)に寄せた数々の詩はバーンズの名声をさらに高めた〕。

ジョージ王朝時代の上流社会では、ものを書くことがとても好まれた。こんにちの歴史家たちにとってはこのうえなく幸運なことに、回想録作者や書簡作者は数知れない。彼らはそこに、いわば無尽蔵の鉱山を持っているのである。ドディントン、マーチモント伯、あるいはエグモント伯など、サミュエル・

ピープスの伝統に続く純粋に個人的な回想録作者とは別に、もっと中間的な人びとがいて、実際には広く世人に宛てた私的書簡を書いた。たとえば、ホレス・ウォールポールは、フィレンツェにいる文通相手のホレス・マンに書簡をすべて保存するよう依頼し、さらに遺言状のなかで、それらの刊行について指示を下している。辛辣な才人のハーヴィ卿〔『ジョージ二世御世回想録』著者〕も、同様の性向を持っていた。

ヨーロッパにおいてと同様、歴史研究は新たに流行となり、とくに古代史は、政治道徳と芸術上の霊感の尽きることのない源泉となった。そうした研究の頂点は、エドワード・ギボン（一七三七～一七九四年）の『ローマ帝国衰亡史』（*The Decline and Fall of the Roman Empire*）であった。それは、彼が貿易植民調査委員としてイタリア滞在中に練り上げたものであり、この世紀の考古学上および碑銘学上の発見を大きな批判的視野で統合した、壮大な集大成であった。一七七六年と一七八八年に刊行されたこの作品は、今日もなお充分に有益である。いわゆる「好古家たち」（Antiquarians）の博学な研究は、ギボンのような広大さはなく、資料の集積であった。ウィリアム・ステュークリーは、ハドリアヌスの長壁とストウンヘンジのような有史以前の大建造物を研究した。フランシス・ワイズは一七二二年、年代記作者アッサーの『アルフレッド大王年代記』[1]〔*Annales Rerum Gestarum Aelfredi Magni*〕を校訂刊行した。ハーンは、イギリスの年代記作者たちとリーランドの『収集』（*De rebus Britannicis Collectanea*）を刊行した。他の多くの碩学は、イングランド中世のアングロ・サクソンおよびノルマンの建造物を調査した。

（1）William Camden, *Annals of the Reign of Elizabeth to 1588*, 1615; John of Fordun, *Scotichronicon*など。

こうした孤立した研究者たちとは別に、クラブの精神が優勢を占める、協会という枠組において、研究は組織化され制度化された。最も有名で最も豊かな成果をあげたのは明らかに王立協会（ロイヤル・ソサイアティ）（一六六二年創立）であり、十八世紀にあっては、ニュートン、クラーク、あるいはハリーなどの大物たちによってその存在を知られ、さらにその会員のなかには、ヴォルテール、モンテスキュー、ビュフォン〔フランスの博物学者〕、モーペルテュイ〔フランスの数学者〕、レオミュール〔フランスの物理学者〕など、外国のおもだった大学者や文人たちが含まれていた。これこそこの時代において、ヨーロッパの最も魅力ある研究センターであった。

　裕福な貴族たちの収集熱も古美術品への関心と知識の促進に等しく貢献し、将来の公共博物館発足の基盤となる、このうえなく貴重な所蔵品をもたらした。この点で大英博物館（ブリティッシュ・ミュージアム）の出現は、何よりも重要なことであった。その起源は、二つの個人収集品（コレクション）――サー・ハンス・スロウンの収集品は五万冊の印刷本、三五一六の手稿、そして多くの美術品から成り、オクスフォード卿のそれは彼の夫人によって譲渡され、一万四二三六巻の手稿、七六三九冊の印刷本から成っていた――が国家に売却された、一七五三年とすることができる。これら二つの所蔵品は、一七〇七年に購入されたコトン文庫（Cottonian Library）の貴重な手稿を加えて、モンタギュ・ハウス（Montagu House）の建物内に収納された。この建物の買収費用は、大蔵総裁で古美術品愛好者でもあったヘンリー・ペラムによって企画された富くじでまかなわれた。この発足資本に対してジョージ二世は一七五七年、数世紀間にイギリス国王によって収集された一万冊の印刷本と一八〇〇の手稿を付け加え、さらに大英博物館に新刊印刷本を一冊受け取る権利を与えた。

　識見豊かな愛好者たちのますます拡大する輪のなかでの学識、研究、収集に対するこうした情熱は、すべての人間知識を教養ある大衆――いまや重要な顧客層を構成するに充分な数に達している――が自由に使えるよう、系統的かつ便利な形態のもとに集結させる必要を生じさせた。エフライム・チェインバーズが一七二八年、二冊本の『百科事典、または人文学および科学の普遍的辞書』（*Cyclopaedia or*

Universal Dictionary of Arts and Sciences）において初めて適用したのが、この考えである。数多くの版画を挿絵として用いたこの『百科事典』は一七四六年に第五版に達し、そのフランス語版はディドロとダランベールに、こうした概念を巨大な『百科全書』〔一七五一～七二年〕に発展させようとする考えを起こさせることになった。

一人の男が、学識への情熱と普遍性をみずから体現し、啓蒙主義精神をおのれのうちに要約した。サミュエル・ジョンソン博士（一七〇九～一七八四年）である。文法から政治に至るまでの、シェイクスピアの校訂本から『ラムブラー』（*The Rambler*）の辛辣な記事に至るまでの、『詩人伝』（*Lives of the Most Eminent English Poets*）から『スコットランド西部諸島への旅』（*Journey to the Western Islands of Scotland*）に至るまでの、すべてのジャンルにジョンソンは取り組んだ。しかし偏見と高慢に満ち、粗野な気質の、気取ったこの保守党員の作品は、本当のところ今なおよく知られているというわけではない。例外は有名な『辞書』（*Dictionary of the English Language*）であり、七年の歳月と六人の筆記者の助力によって完成されたこの巨大な作品を、博士はとくに誇りとしていた。それは、学問的著作というよりはむしろ、ベイルやヴォルテールの辞典の精神をほんの少しだけ持つ、機知に富んだ辛辣な定義を通しての、著者の個人的見解の表明であった。サミュエル・ジョンソンの知名度の高さはおもに、彼の伝記作者で友人でもあったジェイムズ・ボズウェルのおかげである。彼は一七六三年にジョンソンと出会い、一七九一年、その後繰り返し再版されたあの膨大な『サミュエル・ジョンソン伝』（*The Life of Samuel Johnson*）を刊行した。大量の書簡と逸話を含むこの伝記を読むと、ジョンソンの場合、作家としてよりも人間としてのほうが、たしかにずっと偉大であったことがわかる。

もっと深遠でありながら、同じように啓蒙主義を代表しているのは、彼の敵対者デイヴィッド・

ヒューム（一七一一〜一七七六年）である。パリ駐在大使の秘書としてサロンのインテリたちをしばしば訪れた彼は、同時に経済学者であり、歴史家であり、哲学者であった。懐疑主義的でかつ経験主義的な精神の持ち主として彼は、伝統的信仰の破壊工作に参加した。彼の『人性論』（一七三九年）〔*A Treatise of Human Nature*〕、『人間知性についての哲学的試論』（一七四八年）〔*Philosophical Essays Concerning Human Understanding*. 一七五八年、*An Enquiry Concerning Human Understanding* と改題〕、『道徳原理の探求』（一七五一年）〔*An Enquiry Concerning the Principles of Morals*〕、『宗教の自然史』（一七五七年）などはみな、生得観念の古典的理論や啓示宗教に加えられた打撃でもあった。人間の知識はどれも経験的な起源を持っており、「至高存在についてわれわれが持つ観念は、われわれ自身の能力に対する省察からだけ生まれるのである」〔*An Enquiry Concerning Human Understanding*, Sect. VII Pt.1,57〕。

一七七〇年代から、ヨーロッパ大陸と同じくイギリスにおいても、感性（サンシビリテ）が進化した。都市の発展が生み出した、田園生活とその素朴な長所の理想化は、すでに一七六六年、オリヴァ・ゴールドスミスの『ウェイクフィールドの牧師』（*The Vicar of Wakefield*）のなかに現われていた。そこに中世の古美術や東洋趣味や感傷的吐露などへの関心が加わり、著しく発展した前ロマン主義の文学を、さらに発展させることになった。書簡作者で、政治家〔ロバート・ウォールポール〕の息子のホレス・ウォールポールですら、突飛な舞台装置を伴った中世冒険小説『オトラント城』（*The Castle of Otranto*, 1764）によって、この流れに関わっている。過去への関心は、一七六五年のトマス・パーシー博士の『イギリス古詩拾遺』（*Reliques of Ancient English Poetry*）のように、中世文学の断片をよみがえらすのに貢献した。ジェイムズ・マックファーソン（一七三六〜一七九六年）によって作られた、想像上のオシアン（Ossian）のゲール語の詩のように、偽物をでっち上げることをもためらわない者すら何人か出てきた。若きトマス・チャタトンは、中世の偽文書の作成によって急速な栄光を得ようとしたが、一七七〇年、十八歳で自殺したため、とくに有名になった。彼は自分の死によってロマン主義的感性の発展に貢献した。死後、この天才児の栄光を称えて書かれた多くの文が、それを証明している。ヨーロッパ大陸で『若きウェルテルの悩み』(一七七四年)〔*Die Leiden des jungen Werthers*〕が生きる悩みに囚われた若者たちを泣かせたり、ときには自殺させたりしていたまさにその時期に、立像、版画、記念のハンカチーフなどが、紛れもないチャタトン神話を誕生させたのであった。

フランス革命とともに、すでに束縛を解かれていたこうした基調のうえに自由の観念が接木されたとき、ウィリアム・ブレイク(一七五七〜一八二七年)の作品のような常軌を逸した神秘主義の作品が生まれた。画家=詩人であり、反抗的で不安な精神の持ち主であった彼は、産業の変化のただなかにあって古い世界を見失い新しい世界のなかに身の置き場を見出せないでいる人類の混乱を表現した。

新しい世代、すなわち、世紀末に作品を発表し始めた一七七〇年代の世代とともに、真のロマン主義が登場する。一七七〇年生まれのウィリアム・ワーズワスは、フランス革命初期にフランスにおり、次いでドイツに滞在したのち、カムバランドの湖水地方に落着いたのであった。一七七二年生まれのサミュエル・コウルリッジは、落着かぬ人生――軍人、説教師、編集者、夢想的社会主義者、薬物中毒者、ドイツ哲学の崇拝者――を過ごした。彼にはヴィニーとランボーを合わせたかの観が多少ある。一七七五年生まれのジェイン・オースティンは、こうした著者たちの叙情的な情熱(エラン)には関わらなかった。一八一一年の彼女の最初の小説『分別と多感』(*Sense and Sensibility*)は、ロマンチックな行き過ぎに対する批判である。熱狂的文学の流星、バイロン(一七八八〜一八二四年)とシェリー(一七九二〜一八二二年)――前者は三十六歳で、後者は三十歳で死亡――が生まれるような時代にあって、彼女は例外的な存在であった。

同じ世代に属しているのが、サー・ウォルター・スコット（一七七一〜一八三二年）である。彼は法律家の仕事をしながら、驚くべき量の文学作品を作り出した。詩、歴史、そしてとりわけ歴史小説に取り組み、十九世紀好みとなる、理想化された中世を再創造した。イングランドとスコットランドの境界地方に位置する、ネオゴシック風の彼の風変わりな邸宅、「修道院長の浅瀬」（Abbotsford）――そこに彼は途方もないコレクションを積み重ねていた――は、このイギリスのヴィクトル・ユゴーのイメージに適っていた。彼はそこからさほど遠くないドライバラ修道院（Dryburgh Abbey）の廃墟のなかで、孤独な安息を得ている。

ジェントリの生活の枠組は、変化していく主要な思考形態とエリート文化とを反映していた。とくに壮大なカントリ・ハウスの建物と家具は、当時の趣味が十九世紀中葉までクリストファ・レンの弟子たち――ホークスムアとヴァンブラ――のバロック的傾向の影響下にあったことを証明している。彼らの仕事のなかで最も人目を奪うのは、一七二二年にモールバラ公のために完成されたブレニム・パレス（Blenheim Palace）と、一七二六年に完成されたカースル・ハワード（Castle Howard）〔Charles Howard, 3rd Earl of Carlisle, 1669-1738, のために造られた〕である。

古い流行はやがて、厳格で幾何学的な、ごつごつして時には過度に飾り気のないパラッディオ様式と交代し、その一方でポムペイ壁画風の装飾が内部に広がった。建築熱に浮かされた紳士たち全員からひっぱりだこの、この様式の無敵の巨匠は、ジェイムズとロバートのアダム兄弟で、彼らはイタリアからパラッディオに霊感を受けた新古典主義の典型を持ち帰った。それは、円屋根、柱廊、たいていはドーリア式の円柱、そして切妻壁を備え、壮大な厳しさを呈している。一七六〇年から一七八〇年にかけて、彼らはこの国中に作品をちりばめた。ケドルストン・ホール（Kedleston Hall）〔ダービシア〕、サイオン・ハウス（Syon House）〔ロンドン〕、ケンウッド・ハウス（Kenwood House）〔ロンドン〕、ソールトラム・ハウス（Saltram House）〔デヴォン〕、ヘアウッド・ハウス（Harewood House）〔ウェスト・ヨークシア〕、ハッチランズ（Hatchlands）〔サリ〕、メラーステイン・ハウス（Mellerstain House）〔境界地方〕、カレイン・カースル（Culzean Castle）〔南西スコットランド〕、オスタリー・パーク（Osterley Park）〔ロンドン〕、その他、都市部の邸宅を抜きにしても、何十箇所もある。同時期にイギリス造園術もその完璧さに到達した。当初は非常に形式的で、一七三〇〜一七三三年にチャールズ・ブリッジマンが設計したケンジントン・ガーデンズ（Kensington Gardens）のように、フランスの手本にまだ束縛されていたが、やがて、滝、立像、茂み、洞窟、湖などにより、自然を巧妙に模倣することによって、ずっと気紛れなものとなった。このジャンル〔自然庭園または風景庭園〕の巨匠は「ケイパビリティ」ブラウン（一七一三〜一七八三年）とあだ名を付けられたランスロット・ブラウンで、カントリ・ハウスを縁取る、何十もの形式ばらない庭園を設計した。

一七八〇年代には新古典主義のあと、ロマン主義のうねりに伴い、ネオゴシック主義が次第に台頭し始めた。その先駆者の一人、ホレス・ウォールポールは、銃眼付邸宅、ストロベリ・ヒル（Strawberry Hill）を構えていた。しばらくのあいだ、ネオゴシック主義は新古典主義そのものと混合し、審美的な成功とはとうてい言いがたい、混種の城館の数々を作り出した。ロバート・アダム自身、一七九〇年以降手がけたカレインのスコットランド風城館〔アダムは一七七〇年代にこの建物を設計し、一七九二年に完成させた〕で、そうした作業に専念したのである。一八〇〇年から一八〇七年までに、ジェイムズ・ワイアットはウィリアム・ベックフォードのために、フォントヒルのなかば城館、なかば大聖堂の巨大な邸宅〔Fonthill Abbey〕を実現させたものの、その中央塔は二五年後に崩壊した。建築家たちの霊感はその頃涸れてしまったように思われるのだが、彼らはなお一世紀間たっぷりと、「新(ネオ)」何とか主義や、何とか主義の「復興(リヴァイヴァル)」〔ゴシック・リヴァイヴァルなど〕に固執し続けることになるのである。

都市の建設は、急速な都市化の時期にふさわしく、もっとうまくいった。主要な中心地が道路網を再構成した。それは拡張されたり、直線化されたり、バースの有名な「クレッセント」(crescents)のように、三日月形にされたりした。規則的な形の広場、「スクウェア」(squares)は、落着いて均整の取れた建造物で縁取られ、全体を引き立たせた。この世紀の前半、ジェイムズ・ギッブズは、レンによってほぼ完成されていたロンドンの教会の再建を、セント・マーティン・イン・ザ・フィールズ(St. Martin-in-the-Fields)とセント・メアリ・ル・ストランド(St. Mary-le-Strand)によって完了した。オクスフォードのラドクリフ・キャメラ(Radcliffe Camera)の円形建造物、およびケインブリッジの評議員会館(セネット・ハウス)とキングズ・コレッジの宿舎も、それぞれギッブズの設計したものである。

十八世紀末ととりわけ一八〇〇～一八三五年の都市計画を牛耳ったのは、摂政そしてのちのジョージ四世の主要な建築家、ジョン・ナッシュ(一七五二～一八三五年)であった。最上も最悪も可能で、常軌を逸した君主を戴(いただ)き、様式の混合が独創性の代わりとなり、エトルリアの芸術から中国の芸術まで、ゴシックからインド様式まで、時代も文明も融合してしまうこの時代にあっては、ブライトン(Brighton)のロイヤル・パヴィリオン(Royal Pavilion, 1815-22)も、リージェント・ストリート(Regent Street)の三日月形の堂々たる大通りも実現しえたのであった。ジョン・ナッシュはこの双方に責任を負っていた。彼は前者において、中国=インド=ローマ=ゴシック=ビザンティン風の怪物を生み出すという過ちを犯したものの、後者においては、庭園や芝生を利用して均衡の取れた全体(アンサンブル)に生気を与え、注目すべき都会的遠近法——一八一三年〔この年に新市街法（ニュー・ストリート・アクト）が成立〕から実現され始めた——を作り出したという功績がある。ロンドンに押されたジョン・ナッシュの刻印は、けっして消去できない。すなわち、マーブル・アーチ（Marble Arch）、トラファルガー・スクウェア、カールトン・ハウス・テラス（Carleton House Terrace）、クラレンス・ハウス（Clarence House）、そして「最後でも最小ではない」バッキンガム宮殿である。同宮殿はそれまで、一七〇三年建造の優雅な小城館であったが、彼がジョージ四世を説得して、一八二五年以降、現在のあの重苦しい建物に改築されたのである。

仮に十八世紀において典型的にイギリス的な芸術があったとすれば、それはむしろ、芸術の盛んな外国から個別に借用した諸要素を独自に配合することにあり、さらにそうした芸術がようやく開花するに至るのは、ジョージ三世の治世になってからである。芸術のすぐれた発展のためのすべての条件は整っていた。すなわち、経済的繁栄、安全、ジェントリの裕福さ、それに頻繁な海外旅行など。ジェントリは、誇示のためにもまた教養ある趣味によっても、快適な生活の枠組に取り囲まれていたいと望んでいた。一方、バーリントン卿のような教養豊かな美術愛好家やレナルズのような完璧な芸術家は、海外から観念や模範、ついには実り豊かな美術院の存在を学び取った。芸術領域におけるイギリスの重要性のしるしとして、この国を訪れた数々の芸術家たちの名を付け加えておこう。ヴァンロー〔フランスの画家〕、ズカレッリ〔イタリアの画家〕、カサーリ〔イタリアの画家〕、ヴァトー〔フランスの画家〕、そして一七四六年から一七五五年にかけて多くの油絵を製作したカナレット〔イタリアの画家〕など。

前の世紀と同じく、宮廷は、とりわけフランス宮廷と比較すると、あまりにも控え目で、真に積極的な芸術支援を行なわなかった。そのうえ、この王朝の君主たちの芸術に対する趣味は、必ずしもつねに教養の高いものではなかった。ジョージ一世と二世は、彼らの同国人ヘンデルを庇護したものの、宮廷画家にはジャーヴィス、次いでウィリアム・ケントを任命した。かくて大貴族たちの庇護こそが不可欠となり、そのことが、フランスの場合のように首都に名作が極度に集中してしまうことを免れさせた。

こうした状況下で、芸術家の社会的地位は目に見えて改善された。ジョシュア・レナルズのような人物は、大貴族たちから尊敬され、彼の生涯は、芸術上の才能がこの社会において社会的上昇の要因となりうることを示している。一聖職者の息子であった彼はイタリアで学んだのち、ロンドンに一七五三年、一人五ポンドの肖像画家として定住した。その四年後、彼の画料は一五〇ポンドまで上がり、一七六〇年には一年で六〇〇〇ポンドを得た。彼はイギリス絵画の水準を高めることを目的と定め、そのために一七六八年、王立美術院（Royal Academy of Arts）を設立し〔彼はその初代院長に選出された〕、そこで講義を行なった。彼の壮重体［Grand Manner］は、姿勢(ポーズ)の気高さと個性の表現とを結合させたことにある。上流階級からこぞって注文を受け、死亡の際（一七九二年）には八万ポンドの遺産があった。

彼のあとに続いたのは、やはり貴族階級のための画家で、もっと叙情的でもっと風景に場を与えたトマス・ゲインズバラと、構図において秀でたジョージ・ロムニであった。他の画家のなかには肖像画を捨て、リチャード・ウィルソンのように風景を、またジョージ・スタッブズのように馬を、またエドワード・ペニーやベンジャミン・ウェストのように歴史上の場面を描いたりする者もいた。一七一四年のイギリスには有能な画家は一人も数えられず、宮廷の肖像画ですら、ドイツ人ゴッドフリー・ネラーによって描かれていたのだが、このように、この世紀の後半には注目すべきイギリス派が開花した。その最も才能豊かな存在はたぶん、ウィリアム・ホウガース（一六九七〜一七六四年）であろう。低い身分の出で、七年間彫刻師のもとで徒弟奉公をした彼は、お偉方——彼らとは軽蔑しか取り交わさなかったが——に対しても庶民に対しても、卓越した観察者であった。そのとてつもない一連の戯画(カリカチュア)と馴染みの情景の版画は彼を、ジョージ王朝時代の社会や政治的慣習についての、またお偉方たちの寄生虫的生活と庶民の憐れむべき、かつグロテスクな惨状についての、並外れた証人とした。《ジン横丁》は、歴史社会学の多くの調査よりもはるかに多くのことを、この主題について語っている。

戯画の流行は、実際にはジェイムズ・ギルレイ（一七五七〜一八一五年）から始まった。彼は一五〇〇もの作品のなかで、同時代の政治家たちやナポレオンのような国家の敵を、容赦ないやり方で扱った。中産階級の読者数がさらに増えてくると、こうした素描や著名な作品を再現する版画の売れ行きは確実になった。ウェストの有名な画、《ウルフ将軍の死》（*The Death of General Wolfe*, 1771）は、彫師ウーレットに六〇〇〇ポンド、出版業者ボイデルに一万五〇〇〇ポンドをもたらした。

文学においてと同じく、絵画においても、一七七〇年代に新しい世代が生まれた。一七七六年生まれのジョン・コンスタブルの自然主義の風景は大衆的な大成功を収めるに至ったし、他方、一七七五年生まれのジョウゼフ・ターナーは、光と動きをとくに重視し、大衆を面食らわせるような、印象主義を予表する実験に乗り出したのであった。

造形芸術において、彫刻の唯一の著名人は移住者のルイ・フランソワ・ルービリアック（一六九五〜一七六二年）であり、彼が作った胸像は一七五九年、王立美術協会（Royal Society of Arts）によって展示された。最後に音楽であるが、ここでもまたイギリスの栄光となったのは外国人であった。一七一〇年、ザクセンから到着したゲオルク・フリードリッヒ・ヘンデルは、オペラ、オラトリオ、テ・デウム、組曲、そして協奏曲によってジョージ一世と二世の宮廷を魅惑した。マリルボン（Marylebone Gardens）やラニラ（Ranelagh Gardens）やヴォクソールなどの庭園における演奏会は、十八世紀中葉にその文化が完璧な安定期に達した社会の好みを示している。

Ⅲ　科学に対する好み

「このの有名なニュートン、このデカルト哲学体系の破壊者は、去る一七二七年三月に死亡した。彼は同国人たちから敬愛されて生き、臣下たちに恩恵を施した国王のごとく埋葬された」。『イギリス書簡』のこの有名な一節〔書簡一四〕で、ヴォルテールは、ニュートンに感嘆する以上に、イギリス人が自国の学者たちに対して抱く崇拝に感嘆している。そしてたしかに、ジョージ王朝時代の大きな長所の一つは、近代世界における精密科学の重要性を認知できたこと、すべての機構、すなわち必要とされる金融上および物質上の手段をそうした学問研究に自由に利用させたこと、そして学者たちにその当然の価値にふさわしく報いたことであった。だからといって、イギリスがその成果において、それだけいっそう明確な進歩を遂げたというわけではない。ニュートン以後、第一級の学者の数はやはり相対的に少なかった。しかし全体としてイギリス国民は、科学に対してずっと親近感を持ち、実利的で経済的な取り組み方をしたのである。

この国での研究は、いつでも実践的な目的と結びついてきた。かくてグリニッジの王立天文台（Royal Observatory）は、何よりもまず航海術を完全にすることを目標とした。一七一四年以降その仕事は、海上における経度計算法を発見した者に二万ポンドの賞金を約束した経度局（Board of Longitude）によって補完されることになった。フランスの思弁的精神とは異なる思考形態を示す、金銭と科学との混合（メランジュ）である。その結果、数年後にジョン・ハリソンがクロノメータを完成させ、賞金を手に入れた。ジョン・スミートンは羅針盤を進歩させ、エディストン（Eddystone）の大灯台を一七五五年に再建した。一七五八年、絹職工だったジョン・ドランドは、最初の色消し屈折望遠鏡を完成させた。ジョージ・グレアム、ジェイムズ・ショート、ジョン・ハドリーそしてキャムベル大佐の尽力によって、ついに一七五七年、六分儀が完成された。

ジョージ一世即位の時点において、ニュートンはすでに、彼を著名にした数々の研究と発見を成し遂げていた。彼は「その前後に誰一人到達しえない程度にまで、西欧の思想と研究と実践の流れを決定づけた。彼以前には、経験的世界の深遠な特徴を表現しうる自然科学的な因果関係の一貫した体系が存在しなかった」。アインシュタインのこの賛辞〔Williams 353 によると、*The World as I see it* (1933)146〕はすべてを言い尽くしている。同じく注目すべきことは、微積分、引力、光学法則のすべてが、人間的には粗野で取っつきにくいこの人物に、一七〇五年には〔一六九九年との説もある〕支払窓口、すなわち造幣局長官の地位を、一七〇三年から一七二七年までは王立協会会長職をもたらした、という事実である。ニュートンはまた、非常に宗教的な精神の持ち主でもあり、彼の宇宙観は究極的に聖霊に基づいていた。科学と宗教は、彼にとって補足し合う以上のもの、分かちえぬものであった。

エドマンド・ハリー（一六五六〜一七四二年）もまた、その仕事を前世紀から始めていた。南半球の星図を作るために一年間〔一六七六〜七七年〕、セント・ヘレナ島に閉じこもったり、一七一五年の皆既日食を予告して観測したり、「彼の」彗星の一七五八年回帰を予見したりして、天文学上の知識を改善した。天文台長（Astronomer Royal）としての彼の後継者（一七四二〜一七六二年）、ジェイムズ・ブラッドリーは観測技術を完成させ、それにより一七五一年、マックルズフィールド卿がイギリス暦とグレゴリオ暦の調和に必要な計算をなしえたのである。ともにスコットランド人のコリン・マックローリンとジェイムズ・スターリングは、ニュートンの数学を改良し、極地域における地球の扁平度を確認した。

このような観測や理論上の発見は、探検航海によって補完され、太平洋沿岸についての知識を完璧なものにした。ジョージ・アンソン提督は一七四〇～一七四四年に世界一周を行ない、一七六四～一七六六年にはジョン・バイロンが、一七六七～一七六九年にはフィリップ・カートレットが、この偉業を更新した。こうした遠征はいずれも、情報の収穫をもたらした。サミュエル・ウォリスは、一七六六～一七六八年にポリネシアを探検した。ジェイムズ・クック（一七二八～一七七九年）は、発見の規模の大きさにおいて、先行するすべての人びとを凌駕した。すなわち、世界一周、セント・ロレンス川、ニュージーランド、オーストラリア東部、ニューギニアの一部などの地図作成、南極の発見、アメリカ＝アジア間の航路の探索であった。

これほどめざましくはないのが、物理学と化学における成果であり、そこでは経済上起こりうる悪影響がまだ認識されていなかった。神秘的な電気はとりわけ、ウィリアム・ウォットスンによる奇妙な実験の対象であった。彼はライデン瓶（Leyden jar）〔蓄電器の一種〕を完璧にし、一七四八年にはウェストミンスタ橋から三キロメートル以上にわたって放電させた。一七二九年には、スティーヴン・グレイが導体と絶縁体を区別した。しかしこの分野で最もめざましい発見をしたのは、アメリカ人ベンジャミン・フランクリンである。

化学における偉大な人物はジョウゼフ・ブラックなのであるが、その栄光は少々不公平なことに、ラヴォアジエのために霞（かす）んでしまった。ラヴォアジエは同じ領域で研究をしており、ある書簡のなかで、みずから恩義を認めていた。呼吸に関するブラックの研究について彼に手紙を書き、「まさに貴兄こそが、今まで拓いてこられた分野における進歩に最も精通した学者のお一人であり、その分野では私どもが貴兄の弟子であると思っています」と述べている。燃焼に関するジョウゼフ・ブラックの研究は実際、フロギストン〔Georg Ernest Stahl（1660 ~ 1734）が唱えた、燃焼を起こすとされていた仮想の液体〕についての古い理論を打破するために決定的に重要な役割を果たした。まさにイギリスにおいて初めて、実用的な方法で一七三六年に硫酸が産業として製造され始めたのである。

生物科学においては、聖職者のスティーヴン・ヘイルズが血圧という現象を明らかにし、かつ植物生理学を進歩させた。前世紀のハーヴィの研究にもかかわらず、一七一四年には非常に遅れていた医学も、長足の進歩を遂げた。エディンバラ大学では一七〇五年から解剖学を教え始め、そこでは一七二〇年以降、アリグザンダー・マンローが研究教育に当たるようになった。グラースゴウ大学では一七一八年に、医学教育が始まった。ここではウィリアム・ハンターが、『妊娠中の人間の子宮』（*Anatomy of Human Gravid Uterus*, 1774）によって産科学に大きな進歩をもたらした。病院は倍増した。ロンドンでは、ガイ（Guy's）〔一七二二年〕、セント・ジョージ（St. George's）〔一七三三年〕、ウェストミンスタ〔一七二〇年〕、ミドルセックス（Middlesex）〔一七四五年〕病院が、セント・バーソロミュー（St. Bartholomew's）とセント・トマス（St. Thomas's）病院に加わった。精神病患者たちは、ベドラム（Hospital of St. Mary of Bethlehem=Bedlam）に収容され、検査の対象とされた〔ホウガースの連作版画《放蕩者一代記》第八図にその生々しい描写がある〕。

海軍と陸軍における栄養および衛生状態を改善したのも、やはり二人のスコットランド人、ジェイムズ・リンドとジョン・プリングルであり、科学および技術の飛躍に対する彼らの貢献は、まさに注目に値する。前者は海軍の外科医で、一七五四年に『壊血病論』（*A Treatise of the Scurry*）を刊行し、水兵たちに新鮮な果実と野菜を勧めた。海軍省は一七九五年になって装備品のなかにレモン・ジュースを正規の糧秣として規定した。後者〔プリングル〕は陸軍の外科医で、一七五二年、『陸軍の疾病についての考察』(*Observations on the Diseases of the Army*)を刊行し、それが負傷兵たちの衛生的治療の改善をもたらしたのであった。

第六章　革命期およびナポレオンのフランスとの戦争（一七九三〜一八一五年）

一七九三年から二〇年以上にわたり、イギリスはその軍事史の最も輝かしい段階に入る。多くの点で、革命と皇帝のフランスとの戦争は、イギリスにとって第二次世界大戦を予示していた。なぜならそれは、鉄の手を持つ征服者の武力により再編成されたヨーロッパと対峙し、この時点において早くも生存をかけての戦闘だったからである。封鎖され本土上陸の脅威にさらされたブリテン諸島は反撃に転じ、コペンハーゲン湾からアブキール湾〔Abu Qir, エジプト北部。一七九八年のナイル海戦の舞台〕に至るまでの、さらにはサン・ヴィセンテ岬〔Cabo de São Vicente, ポルトガル南西部。一七九七年二月十四日、ジャーヴィス提督がスペイン艦隊を打ち破った〕からトラファルガル〔スペイン南西部。一八〇五年十月二十一日、ネルソン提督が勝利を収めた〕に至るまでの敵の海軍力を壊滅させることによって、海域を我がものとし、海上の逆封鎖を行なったのである。

振り返ってみると、一方は大陸、他方は海上を制覇し、まだ切っ先が相手に届いていない二つの敵対国家間の大戦争は、百年戦争によって火ぶたを切った英仏の大対決の最終段階となる決闘そのもののようにみえる。小ピット、ネルソン、ウェリントンなどの伝説的英雄像が、勝利の象徴として、さらには「ブリタニアよ、統治せよ」の絶頂期ともいうべきヴィクトリア女王時代の先触れとして、国民的叙事詩のなかに登場するのである。

しかしながら一七九三〜一八一五年間の衝突は、軍事上だけのものではない。フランス革命の思想はイギリスにも波及せざるをえず、そこでは急進主義者の活動が、その社会的政治的闘争において新たな広がりを持つことになった。さらに経済面では、大陸封鎖が地球の残された部分の開発と技術の進歩を加速した。したがって一八一五年の勝利は、それとは相容れない貸借対照表となって清算されることになる。すなわち、その経済的発展は、急進主義の危険におびえた貴族階級の保守主義的反動がもたらした政治的閉塞状況と対照をなしていたのである。

I　イギリスの世論とフランス革命

一七八九年のフランスの出来事は、イギリスにおいて自由に論議された。それはC・J・フォックスを熱狂主義に走らせることになり、彼はバスチーユの崩壊を歴史の最も偉大なる出来事の一つと見なして、隣りの偉大な国民も、前世紀にイギリス国民によって開かれた自由への道をついに辿ることになろうと予告した。しかもそれが思いがけず、一六八九年の名誉革命のちょうど一〇〇年目に起こったため、名誉革命を記念して設置された組織〔Society for Commemorating the Revolution in Great Britain など〕は延長され、また憲法制定議会に祝辞を送るまでに至った。ミラボーの名は歓声で迎えられ、若い貴族たちは一七九二年四月に「人民の友の会」(Society of the Friends of the People) を設立した。フォックスは、戦争勃発後ですら、その姿勢を変えず、戦争を専制君主のヨーロッパの、いわれのない不信に由来するものとした。

それとは反対にバークは、一七九〇年十月に『フランス革命に関する省察』（*Reflections on the Revolution in France*）を刊行し、革命の原理の急進的性格は、大殺戮や戦争や専制しかもたらしえないことを予見した。共和国の宣言とそれに続く恐怖政治は、一七九一年七月のバーミンガムの暴動とともに、恐れていた感染が表面化し始めただけにいっそう、その著書に予言的な性格を与え、著者の威信を高めることになった。一七九二年五月、政府は治安判事たちに対して、挑発的騒動をいっそう厳しく鎮圧するよう要求した。

一七九三年になると、イギリスの急進主義活動は、ジョン・セルウォール――洋服屋、書記、詩人にして政治的小論文制作者（バムフレテイア）――のような人物たちによって強化され、指導された。社会的に見ると、この活動はとりわけ職人や小売店主、非国教派の牧師、小学校教員たちと関わりを持ち、新しい無産階級を動員する階級闘争の枠内よりむしろ、ウィルクス主義の延長線上に位置づけられる。パリの革命クラブに類似した政治的団体が増えてきた。靴製造人ハーディと弁護士ジョン・フロストによって設立されたロンドン通信協会（London Corresponding Society）は一七九二年十一月、国民公会（Convention）に祝辞を送り、イギリス国民はけっして自由に対して戦いを挑むようなことはしないであろうと宣言した。ジャコバン党（クラブ）に倣って、同協会はマンチェスタ、ストックポート、ノリッジ、シェフィールドに支部を設け、普通選挙、年次議会、法律の改革、奴隷制度廃止などを要求する政治的小論文を広めた。そこにはつねにロックの思想が表明されているものの、極端な論理にまで推し進められている。すなわち、政府は委任された権力しか持っておらず、その権力を国民――だがこの場合は庶民――はいつでも政府から剥奪しうるのである。

一七九三年、戦争勃発とともに、権力側は態度を硬化させ、フロストは逮捕された。スコットランドでは、現体制こそ完璧であると考えるブラックスフィールド判事のもとで、さらに残酷な鎮圧が断行された。「スコットランド人民の友の会」(Scottish Association of the Friends of the People)を創設したトマス・ミュアは、一四年の流罪〔オーストラリア〕を宣告された。一七九四年、急進主義者たちは集会を企画した。一二人の指導者たちが逮捕されたが、証拠不充分で釈放となった。一七九四年と一七九五年の不作は民衆の不満を増幅させ、あちこちで暴動が炸裂した。議会を構成する大土地所有者たちは不安に駆られ、自由を制限する二つの法律を可決した。一つは、五〇人以上の集会を禁じた「扇動集会法」(Seditious Meetings Act)、もう一つは政府に敵対するいっさいの行為への処罰を一段と強化した「反逆行為法」(Treasonable Practices Act)〔一七九五年〕である〔これらに先立ち、小ピット内閣は一七九四～一八〇一年、人身保護法を一時適用停止としていた〕。

革命の危機の勃発以降、ピットはイデオロギー的な立場の選択を控えた。彼が決断を下すのは、厳密に国家の戦略的利益に関連してであった。彼はフランス革命の勃発についても意見を述べず、また一七九三年二月に戦闘を開始したとしても、それはけっしてフランス共和政に対して王政の立場を主張するためではなかった。彼は、とりわけイギリスにフランス領植民地の奪取を可能にするような、紛争への限られた参加しか考えていなかった。イギリスの生き残りのための徹底的交戦を最終的に彼に納得させたのは、対フランス大同盟とボナパルトの台頭によってヨーロッパに記録された敗北の数々であった。状況はあらゆる面で、彼の政府の周囲に聖なる結合ともいうべきものの形成を促した。一七九三年から、ポートランド公の仲間のホイッグ党代議士たちが内閣の多数派に戻り、フォックスはふたたび孤立した。

急進派への恐怖がこうした結合の主たる絆であり、社会的保守主義がその基本的特徴であった。疑い深い防衛態勢に立てこもった政府は、村落の段階に至るまで、まさに魔女狩り的な粛清を企てた。監視は強化された。いっさいの政治改革の提案はそれ自体で嫌疑をかけられ、拒否された。かくして一七九七年、友人チャールズ・グレイによって提出されたフォックスの法案、すなわち選挙権の画一化と、州のあいだでの腐敗選挙区議席の分配という提案は、二五六対九一の大差で否決された。

そのうえ、フランス国内情勢の展開が急進主義者たちの活動を弱体化し、彼らは総裁政治（ディレクトワール）〔一七九五～九九年〕の混沌たる出来事と、それに続く霧月（ブリュメール）十八日〔一七九九年十一月九日〕のクーデタに幻滅した。ロンドン通信協会は一七九八年、フランス軍の万一のイギリス本土上陸に対抗する部隊の編成を計画する。うんざりしたセルウォールは、闘争を断念してしまった。それでもなお同じ時期〔一七九八～一七九九年〕に数多くの暴動が再発したが、その大義名分はまったく異なっていた。すなわち今回、問題となったのは、戦争によってもたらされた経済的困窮ゆえに起こった、労働者運動であった。権力側の反応はやはり残酷極まるものであり、通信協会やそれに類する団体は弾圧され、言論統制は強化され、労働協定は禁止されて、労働問題は以後、二名の治安判事により直接裁定されることになった。

愛国主義的な反ナポレオン戦闘と国家による弾圧という相乗効果のもとに、急進主義活動は一八〇〇年から一八一〇年にかけて、小止み状態となった。同じ時期において、大陸封鎖による困窮の再発が、ふたたび緊張を高まらせた。それはまず、前にも述べたように、機械を敵視する機械破壊運動となって現われた。次いで自由主義の有産者と中流階級の人びとが、政治改革推進と貴族制度反対の運動を再開した。その先導者のサー・フランシス・バーデットは裕福な急進主義者で、一八一一年、下院において物議をかもしたのち、ハムデン・クラブ（Hampden Clubs）を創設した。「通信協会」や「立憲思想普及協会」のように連携した協会を禁じる法律の裏をかくために、各々のハムデン・クラブは独立した本体を形成し、連携は、カートライト少佐のような会員たちの巡回によって確保された。厳格な選抜条件によって上層階級だけに限定されたこうしたクラブは、すべての納税義務者への選挙権の拡大を要求した。だがウィリアム・コベットの到来とともに、たちまち主張がいっそう手厳しくなり、摂政時代〔一八一一〜二〇年〕の宮廷浪費や摂政〔のちのジョージ四世〕自身の放蕩生活に対する痛烈な攻撃が加えられた。たとえ国民的な運動にまで至らなかったとしても、こうした動きは、支配者たちに広がった恐怖を持続させることになり、彼らは一八一五年の平和への復帰を利用して、容赦ない保守主義的政策を強いることになる。そうした仕事は、長い戦いの勝利によって引き出された威光のおかげで容易になったのである。

II　革命期のフランスとの戦争

一七八九年を目前にしながらも、イギリスはアメリカ合衆国独立の失望からほとんど立ち直っていなかった。外交面では一七八八年、オランダおよびプロイセンと三国同盟を締結したものの、その立場ははかばかしくなかった。その優柔不断な外交政策は、信頼性を弱めることになり、それゆえ一七九一年、ピットは仲介役としてエカテリーナ二世とトルコのあいだの和睦を強要しようとしたが、何もできずじまいだった。彼はこのロシア女帝が押しつけた条件〔占拠したオチャコフを返還しない〕をそのまま認めてしまい、外務大臣リーズ公の辞任を招いた。

当初、フランス革命の勃発は一つの好機のようにみえた。すなわち、フランスにおける権力の崩壊は大敵の長期消滅を期待させたからである。だが早々に、さまざまな事件がロンドンに誤りを悟らせることとなる。一つには一七九一年、ポーランド問題がプロイセン、オーストリア、ロシアを一つの名分のまわりに結集させたとき、イギリスはそれに対して何の役にも立たなかった。さらに、一七九一年八月の「ピルニッツ宣言」(Declaration of Pillnitz) によりオーストリアとプロイセンが反革命のための努力を結集したときにも、イギリスは同じように仲間外れにされてしまったのである。

したがって一七九三年二月以降の第一回対フランス大同盟〔一七九七年まで〕への参加は初めから、ピットが孤立状態を脱し、フランスの衰弱に乗じてその植民地を奪取するための手段であった。というのは、イギリス政府が参戦したのはフランスに対して、しかも十八世紀の戦争精神に基づいてであり、けっして革命に対してではなかったからである。ピットは最初期において、イデオロギーを賭けての対決とは意識していなかったように思われる。

そのうえ彼は、少なくともヨーロッパにおいて、それほど積極的に参戦するつもりはなかった。その戦力が名誉ある役割を果たすことは、いずれにせよ不可能であった。ヨーク公に率いられオランダに派遣された三個大隊を除くと、イギリスは、一七九三年二月に一万四〇〇〇名のハノーヴァ兵と数千名のヘッセン兵しか配置しなかった。総司令官もなく、また陸軍大臣ですら、一七九四年ダンダスのために創設されるまでは、存在しなかった。徴兵はまったく問題外だったので、増兵のためには、ヨーロッパで戦う正規軍への入隊を承諾するすべての民兵たちに一〇ポンドずつ与えねばならなかった。さらに一七九七年以降は、アンチル諸島の黒人たちのなかから植民地部隊が召集され始めた。一八〇二年と一八〇三年の「民兵法」(Militia Acts) は、ナポレオンの侵略に備える本土防衛のため、抽選でそれぞれ五万一〇〇〇人および二万五〇〇〇人を召集したが、その実力はまったく並以下のものであった。

軍隊の組織、訓練、規律、装備は、ヨーク公により導入された改革のおかげで、徐々にではあったが改良されていった。たとえば彼は一八〇〇年に、三〇〇メートルの距離でも有効な火打石銃（Baker rifle）を装備したライフル旅団（Rifle Brigade）を新設している。もはや連隊ではなく国家が軍服を支給し、さらに一八〇二年には陸軍士官学校（Royal Military College）が創設されて、いっそう有能な司令官が輩出することになった。軍隊が有効な道具となるのは、ようやく一八〇五年以降であり、ウィンダムから向けられた批判の結果によるものである。彼の考えは、義勇兵に代えて、全員を短期間兵役に就かせ、その結果として入隊した者たちには高い給与を支払う、というものであった〔一八〇六年彼は陸軍大臣としてこの案を下院に提出し賛成を得た〕。この制度は一八一五年以前には実施されなかった。

戦闘の初期には、軍隊が非力であったため、イギリスは戦争の活力源ともいうべき資金を同盟国に提供する約束をした。一七九三年八月には協定によってロシア、オーストリア、プロイセン、スペイン、ナポリ、ヘッセン、サルディニアに対する援助金の支払が準備された。六回もの大同盟への参加は、前例のない財政上の浪費であることが判明した。すなわち、一七九三〜一八一五年にかけて、八億三一〇〇万ポンドもの額が、戦争に注ぎ込まれた。一七九七年には、早くも予算の赤字が一九〇〇万ポンドに達した。もはや公債だけでは充分でなく、住宅税、窓税、使用人税、馬車税は三倍になった。一七九八年には国民所得を算定するための国の調査が行なわれ、年収六〇ポンド以上の所得に対して累進税が導入されることになった。年収二〇〇ポンド以上の場合は、一〇パーセントの徴収率に及んだ。ピットはそこから一〇〇〇万ポンドを見積もったが、実際にはその半額で満足しなければならなかった。

軍事面に関しては、交戦状態になってすぐ、予想よりずっと厳しいことが判明した。一七九三年三月、ネールヴィンデン（Neerwinden）の戦いでデュムーリエ将軍を破ってからの速やかな勝利への期待は、同年夏ダンケルク（Dunkerque）奪取を目指したヨーク公がオンドスコット（Hondschoote）の戦いに敗れたことで、早くも潰え去った。八月にはフッド提督がフランス王党派と結託してトゥーロンの碇泊地に分け入ったものの、十二月にはボナパルトの有効な配備により撃退されてしまった。この出来事は結果的に、イギリスを初めてイデオロギーの観点から参戦させるに至った。王党派に受け入れられた支援は、イギリス人たちを、好むと好まざるとにかかわらず、反革命の仲間にしてしまい、このことはさらに、ピットとバークの友人たちとの接近に貢献した。

一七九四年と一七九五年は、ヨーク公の率いるイギリス＝ハノーヴァ軍にとって惨憺たる年であった。フランドルから追われドイツ北部まで押し戻された彼らは、ブレーメンでふたたび乗船してイギリスに戻らねばならず、他方、ヨーロッパ大陸北西部の全海岸を手に入れたフランス側は、イギリス上陸の準備を始めた。こうした状況下では、海外における勝利もいささか効果が薄れたようにみえた。一七九四年、ジョン・ジャーヴィスはフランス領アンチル諸島を占領し、またハウはブルターニュ沖でフランス艦隊を破った。制海権は確保されたものの、フランス本土への上陸はまったく不可能であった。一七九五年六月、イギリス艦隊に支援され移動してきた亡命貴族（エミグレ）たちがオッシュ将軍の捕虜となった、いわゆるキブロン事件は、悲惨な結果を招いた〔キブロンはブルターニュ地方南部の半島。七〇〇名以上の亡命貴族たちが銃殺された〕。同盟自体も徐々に崩壊した。一七九五年にはプロイセンが脱退し、それに続いたオランダは敵方に寝返り、スペインもまた一七九六年にはフランス側について、コルシカとエルバ島を明け渡す羽目となった。だがそれでもなお依然として、海上と植民地における勝利の数々が、これらの敗北を部分的に補った。すなわち、喜望峰（Cape of Good Hope）、マラッカ（Malacca）、アンボイナ（Amboina）、バンダ(Banda)、セイロンなどのオランダ植民地や、ポンディシェリーやトリンコマリ(Trincomalee)のようなフランス基地の占領、それにサン・ヴィセンテ岬のスペイン艦隊に対するジョン・ジャーヴィスの海戦勝利などである。

一七九七年は暗い年だった。フランス軍のアイルランド上陸を阻んだのは、ひとえに悪天候のおかげであり、その間、今度はオーストリアが同盟を離脱した。イングランド銀行は、もはや現金払いに堪えられなくなった。四月にはブリッドポート卿の率いる艦隊が、スピットヘッド(Spithead)で反乱を起こした。この反乱は見事に企画されたものであり、水兵の代表者たちは、食料配給量や医療サーヴィス、俸給、賜暇などの改善をかちえた。五月には北海艦隊内で別の反乱が起こったが、今度は容赦なく鎮圧された。それでもなおこの年は、カンパドイン(Kamperduin)〔オランダ北西部。北海沿岸の村落〕における、オランダ艦隊に対するイギリス海軍の決定的な勝利で締めくくられることになる。敵の全艦隊は封鎖されたのであった。

これによって、イギリスは地中海における主導権を取り戻すことができ、ネルソンはそこで、一七九八年七月エジプトに上陸するボナパルトを逃がしたあと、アブキール湾に碇泊中のフランス艦隊を急襲して全滅させた。この成功に続き、イギリス軍はシチリア島、マルタ島に本拠地を置き、そこから地中海海域を統御することができた。

だが新たな危険がバルト海で生じた。というのは、デンマーク、スウェーデン、ロシアが、この海域における厳重な航海規制を強要するイギリスに対して、中立国同盟の結成を企てたからである。プロイセンの支援を受けたデンマーク軍は、イギリス貿易を排除するために、ハンブルクを占領した。容赦ない報復がなされた。一八〇一年四月二日、ネルソンはコペンハーゲンを砲撃してデンマーク艦隊を潰滅させた。かくして北方同盟は崩壊し、イギリスの制海権は絶対的なものとなった。

しかしながら戦争には出口が見えなかった。今や第一執政官となったボナパルトは、初期の二つの対フランス大同盟を陸上で打ち破り、姉妹共和国の仲介によって、アムステルダムからローマに至るまでの西ヨーロッパを制圧した。イギリスは大洋と植民地を支配した。この二つの敵対国家はいまだ互いに侵されておらず、どちらも休戦を願った。イギリスではジェントリと有産階級が、経済を消耗させるこの戦争にうんざりしていた。彼らは国威より取引を促進してくれる政府を渇望していた。パンの値上がりは急進派の暴動を再燃させるのではないかという、一般の不安もあった。予備金は使い尽くされており、ポンドの価値は大陸で一三パーセント下落した。ところがまさにこの時点において、ピットはアイルランドのカトリック教徒解放問題で国王と衝突した。一八〇一年三月十四日、彼は自分と全閣僚の辞表を同時に提出したのである。

ジョージ三世は彼の代わりに、冒険嫌いで安心感を与える男、すなわち寛大なトーリ党員で妥協による和平を支持するヘンリー・アディントン（一七五七〜一八四四年）を、首相に据えた。新内閣は大物閣僚を欠いていたが、しばらくのあいだは、和平に対する合意のおかげで持ちこたえた。ボナパルトとの交渉が開始され、一八〇二年三月二十七日にアミアン（Amiens）の条約にまで漕ぎつけた。それによりイギリスはトリニダッド（Trinidad）とセイロンを除く占領地のすべてをフランス、スペインそしてオランダに戻し、フランスはそれと引き換えにイタリア南部と中部から撤退した。

アディントンは、ただちに平和の復帰に乗じて出費を削減した。海軍の兵力は一三万から七万へ、陸軍は九万五〇〇〇に減らした。所得税の代わりに新しい公債を募集することで、税負担が軽減される一方、輸出税のほうは据え置かれた。内閣の発表によると、和平は二五〇〇万ポンドの節減を可能にしたのであった。

世論はこぞって満足し、アディントンの堅実な財政管理を高く評価した。他方、フォックスは、パリに出向いて人民政府の実態を観察する機会がついに到来したことを喜んだ。だが早くも、平和が長続きしないであろうことが明白になった。ボナパルトが戦争再開の準備をしていることは目に見えており、彼はイギリス製品のイタリアおよびオランダへの輸入を禁じた。アディントンは下院でピットと愛国者たちによって批判され、国家を危機にさらしていることを非難された。一八〇三年五月十七日、アディントンは先手を打ち、フランスに宣戦布告をした。彼自身のことばに基づいて――つまり節約して――戦闘を進めることができるという空しい希望を抱いて。希望は早々に裏切られた。かつてのウォールポール同様、アディントンも平和時のよき首相だったのである。戦争を効果的に遂行するためには、出費などを気にかけない人間を必要とする。一八〇四年五月七日、アディントンはその座をウィリアム・ピットに譲り、ピットはきわめて困難な状況下でふたたび難局の指揮に当たることになった。すなわち彼は、ナポレオンに対する徹底抗戦の指揮のみならず、数多くの国会議員たちがダンダスを含む何人かの彼の友人たちを批判し法廷に引き出したことにも対応せねばならなかったのである。今やメルヴィル卿となったダンダスは、弾劾への手続の段階で、汚職行為のため有罪とされたのであった（一八〇六年の弾劾裁判では一票差で無罪となった）。ピットはひどい圧力と緊張のもとで任務を遂行し続けたため、身体が耐えられなくなり、一八〇六年一月二十三日、四十六歳で疲労のため死去した。イギリスの未来の勝利の基盤を据えたのちの死去、と言えなくもない。

Ⅲ　ナポレオンとの戦争

一八〇四年、イギリスは敵の上陸作戦の脅威に直面した。ブーローニュ（Boulogne）からオステンド（Ostende）まで、ボナパルトが侵略のための大部隊を集結させていた同じ時期に、アイルランドはロバート・エメットの親フランス的蜂起〔ダブリン城を攻撃し、アイルランド総督を人質にしようとして失敗、絞首刑となった〕によって、もろさをさらけ出し、スペインはフランス側に付いた。しかし、ピットは一八〇五年、ロシア、およびナポレオンの拡張政策に不安を覚えたオーストリアとともに、第三回対フランス大同盟を整えたのであった。

ナポレオンは、その軍隊が英仏海峡を横断するあいだの制海権を得るため、ヴィルヌーヴ提督に、できるだけ多くの敵艦隊を背後におびき出してアンチル諸島への牽制攻撃を行ない、そのあと引き返して残りのイギリス艦隊を追い散らすように、と命じた。ネルソンに追跡されて、フランス艦隊は大西洋を横断したが、その帰路においてもはや英仏海峡横断は問題外となっていた。オーストリアの参戦により、ナポレオンはその軍隊（グランド・アルメ）をヨーロッパ中西部に向かわせざるをえなくなったからである。スペインのグラビーナ提督とともにカディス（Cadiz）に立てこもっていたヴィルヌーヴは、ただちに出発しナポリを攻撃せよとの命令を受けた。待機していたネルソンは一八〇五年十月二十一日、トラファルガル岬沖で彼を戦闘に追い込んだ。

ノーファック州のジェントリ出身のホレイショ・ネルソン（一七五八～一八〇五年）は、十二歳で海軍に入り、航海の完璧な知識と国家の大目的の代行者たる自覚とを兼ね備えていた。いつも絶対的な自信を持って決定的な戦闘を追求し、しかもそうした戦闘の場では、コペンハーゲンやアブキールやサン・ヴィセンテでつねに示したあの果断な攻撃により、敵を打ち負かすのである。その血気――そのために彼は片目〔一七九四年〕と片腕〔一七九七年〕をすでに失っていた――が、乗組員たちを鼓舞する能力と相まって、敵に対する奇襲をいつも可能にした。戦闘に臨んだときの彼は、いわば第二状態（エタ・スゴン）〔意識野の一過性狭縮により、正常な人間が異常な行動をする別人格状態〕で、神経が極度に張りつめた状態、不動の決断の状態にあった。その様子から判断すると、歴史家のJ・S・ウォットスン〔Watson 430〕が強調しているように、トラファルガルに最高の栄誉と死を見出したのはまさに、熱狂者だったのである。平行する二列縦隊というイギリス艦隊としては異例の配置が、フランス＝スペイン連合艦隊を直角に横切り、ナポレオンの海軍を決定的に潰滅させた。イギリス上陸のいっさいの脅威は退けられたのである。

この勝利とアウステルリッツ（Austerlitz）の惨敗〔一八〇五年十二月二日、オーストリア＝ロシア連合軍がナポレオン軍に敗れた〕の知らせのすぐあとでピットが死去したため、グレンヴィル卿の率いる新内閣が、戦争継続の困難な課題を背負うことになった。「挙国人材内閣」（'Ministry of All the Talents'）と評されたこの内閣には、当代の主要な顔ぶれが揃っており、フォックス自身も国務大臣として入閣した。彼は、ナポレオンとの妥協による和平は不可能であると認めざるをえなかったが、一八〇六年九月に死去した。

グレンヴィル内閣は内部の対立で苦しみ、任務を遂行する能力がなく、またピットによって残された空白を埋めることができなかった。この新内閣が成立させえた唯一の重要な法案は、福音主義の理念によって、大多数で可決された、奴隷貿易廃止法〔一八〇七年〕であった。それとは逆に、アイルランドのカトリック教徒解放問題はつねにジョージ三世の頑固な反対を挑発し、ついには一八〇七年三月二十四日、まさに一八〇一年のピットの場合と同じく、グレンヴィルの辞任を引き起こした。

新しい首相となったポートランド公はそのまわりに、協調し合うことが非常に困難と思われる、意思の明確な、しかも対立する見解を持つ人物たちを集めた。すなわち、頑固な保守主義者のエルドン卿、スペンサー・パーシヴァル、すぐあとでリヴァプール伯となったホークスベリ、同僚たちを見下す外務大臣ジョージ・キャニング、ピットの後継者で陸軍〔および植民〕大臣のカースルレイ卿などである〔キャニングとカースルレイはついに決闘騒ぎまで起こした〕。一八〇七年の選挙により、内閣は下院において安定多数を獲得したものの、下院は閑職（シネキュア）や政官界の汚職の調査を始めた。それは矢継ぎばやに、宮廷の風紀や国王の側近の腐敗を直撃した。委員会は、国王が予算で四万二〇〇〇ポンドに及ぶ閑職の数々を思いのままにでき、しかもそれらを自分の友人たちに配分していることを暴露した。こうしたスキャンダルがその頂点に達したのは、一八〇九年一月に急進派の議員ウォードルにより、王子の一人ヨーク公の愛人〔一八〇三〜七年まで〕、女優クラーク夫人が陸軍省の官職を売ったことがすっぱ抜かれたときであった。同公は、すべての官職を辞さざるをえなくなった。全員揃って乱れた生活をしていた公の兄弟たちも同じように、新聞や風刺画家たちによって叩かれた。最悪なのは、自分の妻を嫌った風変わりな放蕩児、皇太子であった。国王はといえば、一八一〇年十二月に最愛の娘〔Amelia, 1783〜1810〕が早世すると、決定的に気が触れてしまった。それゆえ一八一一年二月五日の摂政法（Regency Act）により、道徳的に評判の悪い皇太子に摂政政治が託された。君主制の威光はさらに低下した。

　状況は、閣僚たちにとっても同様にはかばかしくなかった。カースルレイは東インド会社の任命権に関する汚職によって告発された。こうした雰囲気のなかで、選挙法改正の必要性が前面に再浮上してきた。カーライル選出の代議士カーウェンは、議席を「買う」ことを政府に禁止する法案を可決させた

〔Curwen's Act, 1809〕。ベンサムは、一八〇九年、「議会改革の教義問答」（'A Catechism of Parliamentary Reform'）という冊子を回覧させ〔一八一七年出版〕、普通選挙と多数決の原理――彼によれば、万人の幸福を確保する唯一の方法――の真正な適用を要求した。それほど野心的でない、ホイッグ党の代議士トマス・ブランドは、一八一〇年に選挙権の拡大に関する法案を提出したが、二三四対一一五で否決された。

戦争への懸念に加えて、このような論争は、政府の中枢の不和を増幅させ、キャニングはますます同僚たちに耐えられなくなった。一八〇九年末、ポートランド卿は心臓発作で死去する。その後継者となったスペンサー・パーシヴァルは、大法官と大蔵総裁をも兼任した。いがみ合って、内閣の活動をこじらせていたキャニングとカースルレイは排除され、それほど厄介ではない大物、ウェルズリー卿とリヴァプール卿に取って代えられた。一八一二年五月十一日、下院のロビーでパーシヴァルが、大陸封鎖で破産した貿易ブローカー〔John Bellingham〕によって暗殺されたとき、今度はリヴァプールが首相の座に就いた。一八〇六年のピットとフォックス、一八〇九年のポートランドに続き、パーシヴァルは、この六年間で在任中に死去した四人目の首相となった。国王は気が触れ、摂政は放蕩三昧、首相は暗殺され、政界は分裂したまま、征服の絶頂期にあるナポレオン――彼は完全に孤立化したイギリスを破滅させる大陸封鎖を実施していた――と対峙しつつ、合衆国とも戦闘状態にあって、一八一二年五月の状況は、はかばかしくなかった。こうした状況を理解できない閣僚たちに憤慨した下院議員たちは五月二十一日、ステュアート・ワートリーによって起草された請願書に署名し、効率的な施政を要望した。最も驚嘆すべきことは、イギリスがこうした最悪の状況から脱して勝利を占めたことである。なぜなら、戦争を別にすると、新内閣は何ら決定的な政策を持っていなかったからである。内閣は大問題を放置していた。今度はカースルレイに託された外交政策が、他のすべての懸念を二の次にさせてしまったのである。

トラファルガル以降、戦況は幾多の苦難を経た。一八〇六年には、プロイセンが戦列から離れ、またナポリ、エジプト、ふたたびナポリ、アルゼンチンで敗北が記録された。一八〇七年にも戦況は好転しなかった。ロシアが敗れ、ティルジット（Tilsit）の和約で、イギリス貿易に対し港を閉ざすことを約束した秘密条項により、アレクサンドル一世は、デンマークとスウェーデンに反イギリス陣営への参加を強要し始めた。同年八月に、デンマークの摂政皇太子が、対フランス戦争の終焉まで艦隊をイギリスに譲渡してほしいとの要請を拒絶したため、イギリス艦隊は、コペンハーゲンの造船所と一八隻の第一級艦船を破壊した［イギリスに曳航した、との説もある］。北欧ではジョン・ムーアの一万二〇〇〇名の軍勢が、ロシアに攻撃されたスウェーデンのグスターヴ四世の救援に失敗し、同国王はフィンランドを失った。

だがナポレオンの途方もない野心は一八〇七年、新たな戦線を開かせ、それはやがて決定的なものとなっていく。イベリア半島のフランス支配を完璧にするため、皇帝ナポレオンがポルトガルの摂政皇太子に最後通牒を送ったので、イギリス政府は、同皇太子に一時ブラジルに居を移すよう説得し、さらにジュノー将軍のリスボン占拠を阻むため、アーサー・ウェルズリーのもとに一万名の兵を送り込んだ。一八〇八年八月二十一日、ウェルズリーはヴィメイロ（Vimeiro）の戦闘に勝ち、さらに同月三十日、ジュノーはシントラ（Cintra）で降伏した。これこそ、ウェルズリーをリスボンからワーテルローに導くことになる、まさに叙事詩的偉業の端緒であった。

ウェリントン公アーサー・ウェルズリー（一七六九〜一八五二年）は、アイルランド名門の出で、最初はインドにおいて輝かしい戦果を収めた。出世主義者であり、極端な保守主義者であった彼は、内閣の優遇を最大限に利用していたが、イベリア半島において戦術家として予想外の才能を示した。彼が立ち向かうことになったフランス軍は、数のうえでは優位に立っていたが、食糧補給のために貧しい敵地で絶えず分割され移動しなければならなかった。ウェリントンの率いる軍隊のほうは、ずっと小型だがまとまりがよく、訓練され、非常に機動的であり、専門家たちによって入念に製図された、ずっと正確な土地情報を利用して、奇襲攻撃を加えたのである。

一八〇九年五月、ウェリントンはドウロ(Douro)川でスールト元帥に深刻な敗北を与え、ポルト(Porto)を奪取し、ポルトガル全土を開放した。テージョ(Tejo)川をさかのぼってスペインに入り、さらにタラベラ(Talavera)で血みどろの勝利をかちえた。ポルトガルに引き返した彼は、リスボン半島を遮断するトレス・ヴェドラス(Torres Vedras)の要塞線の背後に立てこもった。一八一〇年、その効力を見せつけられたのは、マッセナ元帥であり、彼は二万五〇〇〇名にも及ぶ非常に深刻な犠牲者を出して敗北し、一八一一年三月に撤退を余儀なくされた。一八一一年の残りは、フエンテス・デ・オニョロ(Fuentes de Oñoro)とアルブエラ(La Albuera)における二つの大接戦と、アルメイダ(Almeida)の占領に費やされた。

一八一二年は勝利の年であった。ウェリントンはサラマンカ(Salamanca)において、スールトとマルモン元帥の八万の軍勢を完璧に打ち破り、彼らを追い込んでピレネー山脈の向こう側にまで退却させ、マドリッドを占領した。一八一三年には北進し、エブロ(Ebro)川を越えて六月二十一日、ビトリア(Vitoria)でジュルダン元帥とジョゼフ・ボナパルトを破り、さらに今度は彼のほうが、ピレネー山脈を越えてバイヨンヌ(Bayonne)に向かい、歴史に残る最も輝かしい遠征を成し遂げた。

この間、一八〇六年十一月二十一日のベルリン勅令をもって実施された大陸封鎖により、戦争は別の側面を持つようになっていた。すなわち、イギリスおよびその植民地から直接出航する船舶はすべて拿捕されることになったのである。イギリス政府は〔枢密院令により〕反撃に出て、中立国の船舶——それらは一八〇七年にはすでにイギリスの外国貿易の四四パーセントに達していた——に対する厳重な統制を設定した。すべての船舶はイギリスの港を通過し、認可を得、税を支払わねばならなくなったのである。そこでナポレオンは一八〇七年十一月二十三日、ミラノ勅令により封鎖令を一段と強化した。すなわち、イギリスに寄港する全船舶を没収することにしたのである。その初期の効果は一八〇八年の数字に反映された。輸出額は四〇〇〇万ポンドから三五〇〇万ポンドに落ち、リヴァプール港に入る原綿の輸入量は一四万三〇〇〇袋から二万三〇〇〇袋に減り、物価は高騰して小麦一クォーターは六六シリングから九四シリングとなり、マンチェスタでは暴動が勃発するに至った。

だが事態への適応は素早かった。南米に新しい市場が開かれ、トルコおよび密貿易中心地を経てヨーロッパに向かう新しい貿易航路が開けた。地中海への輸出は、一八〇五年と一八一一年のあいだに四倍になった。さらに一八〇九年以降、封鎖は緩和され、両陣営とも許可証制度を設置したところ、これは広範囲に売られて、あらゆる型の密輸を可能にしたのである。

経済的には、イギリスにとって最悪の年は一八一一年であった。一年以内に、ヨーロッパ向けの輸出は八〇パーセント、北アメリカ向けは二四パーセント、南アメリカ向けは三五パーセント減った。二〇〇〇万ポンド分の商品が押収された。南アメリカの得意先の支払遅延もたまってきた。ポンドの価値は下落し続け、倒産も増えた。だが状況はフランス側のほうがましとは言えず、十一月には双方ともまた、認可証販売制度に立ち戻ることになった。リカードはこのとき、経済の立て直しには平和が絶対に不可欠と考えた。

だが平和どころか、一八一二年には、アメリカ合衆国からの宣戦布告〔一八一二年戦争〕を受けて、事態は複雑になってきた。合衆国は、自国の船舶に対してイギリスから強制された、貿易規制や検査や寄港地にますます耐えがたくなってきたのである。実際には、双方とも控え目な姿勢を示した。というのは、互いに必要な存在だったからである。カナダ国境地帯と海上で多少の戦闘があったものの、共通の貿易上の利害関係のほうが敵意より強く、かくて一八一四年末に白紙の和平交渉が行なわれた。

この時点において、ナポレオン帝国は崩壊し、イギリスはカースルレイ卿の仲介により、その瓦解に主要な役割を果たした。一八一四年一月以降ずっとヨーロッパ大陸にいた同卿は、対フランス戦争中同盟国と絶えず交渉を重ね、結束を崩さずヨーロッパの地図を全体的に再編するよう、列強を説得した。ショーモン（Chaumont）の条約〔一八一四年三月一日〕によって彼は、オーストリア、プロイセン、ロシア、イギリスの四大国がそれぞれ一五万の兵を戦線に保持することとし、また同盟国に対して五〇〇万ポンドの援助を約束した。

アキテーヌ地方〔フランス南西部〕に駐屯中のイギリス軍は、ウェリントンのもとでボルドーに向かって進軍した。その際、将来のフランス政府の問題が提起され、そこでもやはりカースルレイは決定的な役割を演じ、タレーランの仲介によるブルボン王朝復興の考えを受諾させた。一八一四年五月三十日のパリ条約の大筋を受け入れさせたのも同じくこの人物であり、同条約によってフランスは一七九二年の国境にアヴィニョンを加えたものに縮小され、またトバゴとセント・ルシアとモーリシャス（Mauritius）島を除く全植民地が、フランスに返還された。ベルギーはオランダ王国に併合されることになった。しかも、イギリスは喜望峰とギアナ（Guiana）とマルタ島を領土とした。喜望峰を失う賠償として、オランダは二〇〇〇万ポンドを得た。カースルレイはナポレオンに対して、エルバ島を亡命地として用意した。

いわゆる百日天下（Cent-Jours）の番外も、イギリスのしぶとさゆえに、何ら事態を変えるに至らなかった。一八一五年六月十八日、ウェリントンはワーテルローの決戦に勝利を得て、その軍歴に有終の美を添え、またナポレオンが追放されたのは、ほかならぬイギリス領セント・ヘレナ（St. Helena）であった。

それは、戦争でイギリスの果たした決定的役割を具体化し、かつ万人の眼にその勝利を認識させせる、まさに象徴的決定であった。

ウィーン会議〔一八一四〜一五年〕において、カースルレイは自国のためにあまり要求せず、勝利者たちの協調を確認し、彼らはその結果、ヨーロッパの新しい地図の配置を確認するために定期的な会議を開くことを決定する。神聖同盟〔一八一五年九月、ロシア皇帝、オーストリア皇帝、プロイセン国王がキリスト教国として侵略と革命に対抗して結成した〕の反動的で神秘主義的な精神から程遠いカースルレイは、そうした精神を嘲笑し、新しい体制をヨーロッパ大陸の勢力均衡と大英国の安全を保証する、実際的な解決と見なした。大英国の利益は、急所ともいうべき地帯に小国家を創設することで保障されるのであり、たとえば、ベルギーをオランダ王国に併合することは、エスコー（Escaut）川[1]の河口をフランス人やオーストリア人の野心から守ることになった。同時にイギリスは、ジブラルタルとマルタ島という、地中海の要害の地を確保した。

（1）フラマン語、オランダ語名ではスヘルデ（Schelde）川。北フランスからベルギー西部とオランダ南西部を経て、二つの河口（東スヘルデと西スヘルデ）から北海に注ぐ河川。全長約四三〇キロメートル。

ハノーヴァ王朝の誕生からちょうど一世紀を経たイギリスは、世界の最強国として立ち現われたのである。

厳密に言うと、ジョージ王朝時代のイギリスは、一八三〇年六月のジョージ四世の死去まで続くことになる。だが他のどの国よりこの国において、歴史は国王の君臨から独立しており、国王たちはもはや、王室史愛好者たちのために三面記事とスキャンダルの年代記を提供する以外、何の役にも立っていなかった。自分の王国に何の親近性もない外国人で始まったジョージ王朝は、狂人により継承され、一八二〇年から一八三〇年までの一〇年間は、洗練された放蕩者ジョージ四世――歴史家たちは彼に対して過度の寛大さを示してきた――の君臨を経て終わることになる。

したがって一八一五年は、十九世紀へのまぎれもない入り口、しかも苦難に満ちた入り口であった。逆説的に言えば、国際舞台のうえでのイギリスの勝利は、国内の急激な動揺を伴った。平和時の経済への再転換は苦痛に満ちたものであり、低賃金、失業、暴動、機械破壊運動、それにヘンリー・ハントのような扇動家たちのもとでの急進主義運動の再燃などをもたらした。普通選挙を要求するハントは、象徴として槍とフリギア帽〔自由を表わす赤い無縁帽、フランス革命時代の共和派がかぶった〕と「イギリス共和国」の緑、青、赤の三色旗を用いた。

権力の座にあるトーリ党は容赦ない弾圧で対応することしかできず、暴動者たちの絞首刑や一八一九年のマンチェスタにおけるような無差別大量虐殺〔Peterloo Massacre〕――軍隊が群衆に発砲し一一人の死者と何十人〔別資料では数百人〕もの負傷者を出した――を行なった。閣僚たちの暗殺計画[(1)]すら発覚した。一八一五年から一八二一年まで、ジョージ四世が放蕩に溺れているあいだ、イギリスは革命的混沌状態の寸前であったように思われる。

（1）ケイトー街陰謀事件（Cato Street Conspiracy）。アーサー・シスルウッド（Arthur Thistlewood,1770～1820）が中心となり、カースルレイやシドマス（アディントン）などを一八二〇年二月二十三日に暗殺しようとして逮捕された。

経済の回復とキャニング、ピール、ハスキソンらの新世代の政治家たちの実際的精神が、いくつかの有益な改革と引き換えに、この激動の推移期を大した破綻なく乗り切ることを可能にした。すなわち、原料の関税率引き下げ、刑法の緩和、一八二九年のカトリック教徒解放令（Catholic Emancipation Act）、そして一八三二年の選挙改正法（Reform Act）などである。この改正法により、納税額に基づく選挙制度が確立された。それはまだ民主主義からは程遠いが、腐敗選挙区という非常識な制度を廃止した。イギリスはかくして、まさにヴィクトリア女王時代に入ることになる。

訳者あとがき

ジョルジュ・ミノワ氏（一九四六年生まれ）は、高等師範学校出身の文学博士で大学教授資格者。現在、超領域学術研究国際センター（ＣＩＲＥＴ）研究員として精力的な執筆活動をしている歴史学者であり、その著作は地域史（『ブルターニュ地方宗教史』、『新ブルターニュ史』ほか）や時代史から、『老いの歴史』（『老いの歴史──古代からルネサンスまで』（大野朗子／菅原恵美子訳）、筑摩書房、一九九六年）、『教会と科学』、『地獄の歴史』、『自殺の歴史』、『未来の歴史』（『未来の歴史──古代の預言から未来研究まで』（菅野賢治／平野隆文訳）、筑摩書房、二〇〇〇年）、『無神論の歴史』、『悪魔』（『悪魔の文化史』（平野隆文訳）、白水社文庫クセジュ八七六番、二〇〇四年）など、多岐にわたっている。

『ジョージ王朝時代のイギリス』は、『テューダー王朝時代史』（一九九六年）および『ステューアト王朝時代史』（同）とともに現在、コレクション・クセジュ（ＰＵＦ）に収められている三部作中の一冊であり、一七一四年以降激動の百十余年間の「ブリテン諸島の内と外の歴史」の流れをくまなく照らし出すことを目的とした、きわめて意欲的で密度の濃い案内書である。

第一章、二章、四章、五章はおおむね、「内」の歴史に当てられている。著者は、名誉革命により他のヨーロッパ諸国に先駆けて議会政治の基盤を築いたイギリスが早くも一七六〇年までに責任内閣制を定着させ、さらに農業革命と産業革命を推進させて近代英国へと変貌していく過程を、両議会の構成要素(ホイッグの優勢からトーリへ)、急進派の台頭、都市と農村、階級社会の実態、熱狂主義とは無縁の国教会精神とメソディスト派の果たした役割、多様なイギリス啓蒙主義精神、実用と金銭に直結する分野における画期的な「発見」、「発明」、「開発」、「改良」の数々、自由主義経済思想の基盤、それに科学・文芸・建築・造園・製陶・室内装飾ほかの分野の動向(ここにおいても多彩な「開発」や「改良」が見られる)などを紹介しながら、解説する。

第三章と六章では、「外」の歴史が浮き彫りにされる。すなわち著者は、ユトレヒト条約(一七一三年)によりヨーロッパの列強として不動の地位を確立し、かつ「イギリス植民地帝国」構築の第一段階を迎えたこの国が、対スペイン戦争(一七三九〜四八年)、オーストリア継承戦争(一七四〇〜四八年)、七年戦争(一七五六〜六三年)とパリの和約(一七六三年)を経てその第二段階に入り、七〇年代にアメリカ植民地を失ったものの、最後のライバル(フランス)との「決闘」に打ち勝ち、「世界の最強国として立ち現われる」までの過程を、植民地情勢の変化と利権の絡み合い、列強間の駆け引き、フォックスとバークを両極とする国内政局と世論の動向、フランス革命によりエスカレートした急進主義活動と容赦ない弾圧、難航するカトリック教徒解放問題、選挙法改正への要求のいっそうの高まりなどを見据え、さらに救国の英雄たち(ピット父子、ネルソン提督、ウェリントン公ほか)の肖像を巧みに嵌め込みつつ、ドラマティックに跡づけてみせる。

ここで語られる個々の史実の大半はすでに他の歴史書や概説書などにおいても記述されており、ミノワ氏は実際、みずから参考文献表の上位に挙げているB・ウィリアムズとJ・S・ウォットスンから多くを借用している。だが一〇〇〇頁にも及ぶこれら二冊の歴史書や他の文献に網羅されている膨大な資料をしかるべく取捨選択して、原著でわずか一二〇頁余りながら生彩あふるるジョージ王朝時代像に再編成してみせた手腕と歴史感覚は見事なものである。要所要所での、前後の時代に対する目配りにも抜かりはない。そして何よりも、この時代を含め長いあいだイギリスと対立関係にあったフランス側からの、公正で緊張感に満ちた叙述と解説が、この書を個性的で魅力ある読みものにしているといえよう。この時代のイギリスの諸相を学ぶ者にとってはもとより、ヴィクトリア女王時代以降の「ブリテン諸島の内と外」の変遷に注目する者にとっても、さらにはヴォルテール（『イギリス書簡』）を大先達とするフランス人のイギリス研究に関心を持つ者にとっても、本書は貴重な情報と示唆を与えてくれるように思われる。ちなみに訳者の一人はたまたまこの翻訳作業と平行して、教室でJ・オースティン（*Mansfield Park*, 1814）を読み進めていたため、学生たちとともにジョージ王朝時代の「外」の歴史（アンティグアの植民地、奴隷貿易禁止法、一八一二年戦争など）をいっそう身近に感じることができ、さらには土地の「改良」（'improvement'）から人間の「改良」についてまでも考察したこの女性作家の啓蒙主義精神の一端を再確認することができ、大変有意義であった。

訳者たちが白水社編集部の山本康氏と和久田頼男氏を通してこの翻訳を依頼されたのは、二〇〇〇年の春であった。二人とも電子機器には無縁であったため、その技術習得をも兼ねて作業を進める心積もりでいたところ、勤務先での相次ぐ研究室の移動その他、公私ともに多忙を極め、技術習得はおろか、下訳、清書の段階で何度も中断を余儀なくされ、また歴史的事項の再確認やイギリス以外の地名の表記にも手間取り、白水社側に大変ご迷惑をおかけした。にもかかわらず、いろいろご厚意を頂戴したことに感謝申し上げたい。文庫クセジュ編集部の中川すみ氏からは、著者に関する最新情報と、訳文や表記などについての助言をいただいた。固有名詞の表記などにおいて不備な箇所があれば、識者のご教示をお願いしたいと思う。そして最後に、原稿の入力をご快諾くださり、最も公務多忙の時期に訂正箇所の再入力までしてくださった青山学院大学講師松村聡子氏に心から御礼申し上げる。

二〇〇四年八月

手塚リリ子
手塚　喬介

Garnier, 1956.（ヴォルテール『哲学書簡』（林達夫訳），岩波書店，1980年）.
S. Johnson, *A Journey to the Western Islands of Scotland*, New Haven: Yale UP, 1976.
D. Defoe, *A Tour thro' the Whole Island of Great Britain*, 2 vols., London: Frank Cass, 1968.
H. Fielding, *An Enquiry into the Causes of the Late Increase of Robbers, etc., The Complete Works of Henry Fielding*, ed. W. E. Henley, Vol. XIII, New York: Barnes and Noble, 1873.
D. Hume, *Enquiries Concerning Human Understanding and Concerning the Principles of Morals*, Oxford : Clarendon P, 1990.
J. Swift, *The Correspondence of Jonathan Swift*, 5 vols., Oxford: Clarendon P, 1963.
J. Swift, *Gulliver's Travels*, ed. P. Dixon & J. Chaulker, Harmondsworth: Penguin Books, 1985.
松村赳／富田虎男編『英米史辞典』，研究社，2000年.
『山川　世界史小辞典』（改訂新版），山川出版社，2004年.
大野真弓編『イギリス史』（新版），山川出版社，1996年.
川北稔編『イギリス史』，山川出版社，1998年.
青山吉信／今井宏編『概説イギリス史』（新版），有斐閣，1999年.
G・M・トレヴェリアン『イギリス史』（3）（大野真弓監訳），みすず書房，1996年.
近藤和彦編『長い十八世紀のイギリス』，山川出版社，2002年.
イポリット・テーヌ『英国文学史——古典主義時代』（手塚リリ子／手塚喬介訳），白水社，1998年.
ルイ・カザミヤン『近代英国——その展開』（手塚リリ子／石川京子訳），創文社，2002年（第2刷）.
清水博編『アメリカ史』（新版），山川出版社，1978年.
井上幸治編『フランス史』（新版），山川出版社，1970年.
フランソワ・フュレ／モナ・オズーフ『フランス革命事典』（全2巻）（河野健二他監訳），みすず書房，1995年.
セバスチャン・ハフナー『プロイセンの歴史』（魚住昌良監訳），東洋書林，2000年.
山本達郎編『インド史』，山川出版社，1992年.
ビパン・チャンドラ『近代インドの歴史』（粟屋利江訳），山川出版社，2001年.
立石博高編『スペイン・ポルトガル史』，山川出版社，2000年.
ローラ・フォアマン／エレン・ブルー・フィリップス『ナイルの海戦——ナポレオンとネルソン』（山本史郎訳），原書房，2000年.
アンリ・カルヴェ『ナポレオン』（改訳）（井上幸治訳），白水社，1966年.
エドマンド・バーク『バーク政治経済論集』（中野好之編訳），法政大学出版局，2000年.
エドマンド・バーク『フランス革命の省察』（半澤孝麿訳），みすず書房，1990年.

参考文献（訳者）

BBC Pronouncing Dictionary of English Names, Oxford: Oxford UP, 1983.
Chambers Biographical Dictionary, Edinburgh: Chambers, 1984.
The Encyclopedia of Historic Places, 2 vols., London: Mansell, 1984.
Handbook of British Chronology, London: Royal Historical Society, 1986.
Larousse du XXᵉ siècle, 6 vols., Paris: Larousse, 1933.
The New Century Cyclopaedia of Names, 3 vols., New York: Appleton-Century-Crofts, 1954.
The Oxford Companion to Art, Oxford: Clarendon P, 1978.
The Penguin Encyclopedia of Places, Harmondsworth: Penguin Books, 1978.
Petit Larousse en couleurs, Paris: Larousse, 1990.
Le Robert dictionnaire universel des noms propres, 5 vols., Paris: Robert, 1974.
Webster's Geographical Dictionary, Springfield: Merriam, 1955.
Colin McEvedy, *The Penguin Atlas of Modern History (to 1815)*, Harmondsworth: Penguin Books, 1972.
AA Treasures of Britain, London: Drive Publications, 1984.
The Cambridge Guide to Literature in English, Cambridge: Cambridge UP, 1988.
A. Clifton-Taylor et al., *Spirit of the Age*, London: BBC, 1975.
Encyclopaedia of British Art, London: Thames & Hudson, 1985.
J. Betjeman, *A Pictorial History of English Architecture*, Harmondsworth: Penguin Books, 1972.
D. Watkin, *English Architecture*, New York: Oxford UP, 1979.
W. Gaunt, *English Painting*, London: Thames & Hudson, 1988.
G. Newman, ed., *Britain in the Hanoverian Age 1714-1837*, New York: Garland Publishing, 1997.
F. O'Gorman, *The Long Eighteenth Century*, London: Arnold, 1997.
J. Gregory & J. Stevenson, *Britain in the Eighteenth Century, 1688-1820*, London: Longman, 2000.
E. Burke, *The Works of Edmund Burke*, 12 vols., Boston: Little, Brown, & Co., 1889.
D. Bindman, *Hogarth*, London: Thames & Hudson, 1987.
A. Smith, *The Wealth of Nations*, ed. A. Skinner, Harmondsworth: Penguin Books, 1982.
F. M. A. de Voltaire, *Lettres philosophiques ou Lettres anglaises*, ed. R. Nav, Paris:

revolution, Cambridge: Cambridge UP, 1988.

P. Hudson, *The Industrial Revolution*, London: Arnold, 1992.

F. Crouzet, *L'économie britannique et le blocus continental (1806-1813)*, 2 vols., Paris: PUF, 1958.

P. Langford, *A Polite and Commercial People, England 1727-1783*, *The New Oxford History of England*, Oxford: Clarendon P., 1989.

R. A. Smith, *Late Georgian and Regency England, 1760-1837*, Cambridge, 1984.

B. Y. Kunze & D. D. Brautigam, eds., *Court, Country and Culture, Essays on Early Modern British History,* Cambridge: Cambridge UP, 1992.

R. Porter, *English Society in the Eighteenth Century*, Harmondsworth: Penguin Books, 1982.（ロイ・ポーター『イングランド18世紀の社会』（目羅公和訳），法政大学出版局，1996年）.

E. P. Thompson, *The Making of the English Working Class*, Harmondsworth: Penguin Books, 1968.（エドワード・P・トムスン『イングランド労働者階級の成立』（市橋秀夫／芳賀健一訳），青弓社，2003年）.

T. C. Smout, *A History of the Scottish People, 1560-1830*, London: Fontana-Collins, 1969.

J. D. Mackie, *A History of Scotland*, Harmondsworth: Penguin Books, 1978.

T. W. Moody & W. E. Vaughan, eds., *A New History of Ireland, IV: Eighteenth Century Ireland, 1691-1800*, Oxford: Clarendon P., 1986.

A.W. Ward & A. R. Waller, eds., *The Cambridge History of English Literature*, Vols. 9 & 10, Cambridge: Cambridge UP, 1932.

M. Sykes, *Church and State in England in the Eighteenth Century*, Cambridge: Cambridge UP, 1934.

参考文献（著者）

著者の参考文献中、出版社が明記されていない数点については、可能な限り訳者が補充した。

B. Cottret, *Histoire d'Angleterre, XVIe-XVIIIe siècle*, Paris: PUF, Nouvelle Clio, 1996.

B.Williams, *The Whig Supremacy, 1714-1760*, *The Oxford History of England*, Vol. XI, Oxford: Clarendon P., 1974.

J. S. Watson, *The Reign of George III, 1760-1815*, *The Oxford History of England*, Vol. XII, Oxford: Clarendon P., 1960.

W. E. H. Lecky, *A History of England in the Eighteenth Century*, 8 vols., London: Longmans, Green and Co., 1883-90.

Sir Lewis B. Namier & J. Brooke, eds., *The History of Parliament: the House of Commons 1754-1790*, 3vols., London: HMSO, 1964.

R. Sedgwick, ed., *The History of Parliament: the House of Commons 1715-1754*, 2 vols., London: HMSO, 1970.

L. Stephen & S. Lee, eds., *The Dictionary of National Biography*, 63 vols + 5 vols, London: Oxford UP, 1885-1913.

S. MacCoby, *English Radicalism 1762-1785／1786-1832*, 2 vols., London, 1955.

A. Cobban, ed., *The Debate on the French Revolution*, London, 1950.

P. Kleber Monod, *Jacobitism and the English People (1688-1788)*, Cambridge: Cambridge UP, 1989.

R. Marx, *L'Angleterre des révolutions*, Paris: A. Colin, 1972.

J. Black, *Pitt the Elder*, Cambridge: Cambridge UP, 1992.

Horace Walpole, *Memoirs of the Reign of George II*, 3 vols., New York: AMS, 1970.

The Cambridge History of British Foreign Policy, 1783-1919, Vol. I (1783-1815), Cambridge, 1922.

J. H. Rose, *Pitt and Napoleon*, London, 1912.

I. R. Christie, *Wars and Revolutions: Britain, 1760-1815*, London: Arnold, 1982.

The Cambridge History of the British Empire, Vol. I, Cambridge, 1929.

T. S. Ashton, *An Economic History of England: the Eighteenth Century*, London, 1955.

T. S. Ashton, *Economic Fluctuations in England, 1700-1800*, London, 1959.

R. Marx, *La révolution industrielle en Angleterre*, Paris: A. Colin, 1992.

E. A. Wrigley, *Continuity, Chance and Change: The character of the industrial*

リックマン　John Rickman, 1771〜1840　91
リーズ　Francis Osborne, 5th Duke of Leeds, 1751〜99　135
リッチモンド　Charles Lennox, 3rd Duke of Richmond, 1735〜1806　43
リチャードソン　Samuel Richardson, 1689〜1761　112
リペルダ　Jan Willem Ripperda, 1680〜1737　54
リーランド　John Leland, 1506?〜52　114
リンド　James Lind, 1716〜94　128
ルイ１４世　Louis XIV, 1643〜1715　10, 11, 53
ルイ１５世　Louis XV, 1715〜74　28, 45, 53
ルイ１８世　Louis XVIII, 1814〜24　101
ルーケ　Jean Rouquet　95
ルートヴィッヒ　Georg Ludwig, 1660〜1727　→　ジョージ１世
ルービリアック　Louis-François Roubiliac, 1695〜1762　124
レオミュール　René Antoine Ferchault de Réaumur, 1683〜1757　115
レッグ　Henry Bilson Legge, 1708〜64　27, 29
レナルズ　Sir Joshua Reynolds, 1723〜92　122, 123
レン　Sir Christopher Wren, 1632〜1723　119, 121
ロー　William Law, 1686〜1761　106
ロウバック　John Roebuck, 1718〜94　46, 86
老僭王　→　ジェイムズ・エドワード
ロッキンガム　Charles Watson Wentworth, 2nd Marquess of Rockingham, 1730〜82　33, 34, 40, 41, 75
ロック　John Locke, 1632〜1704　12, 95, 105, 106, 132
ロドニー　George Brydges Rodney, 1st Baron Rodney, 1719〜92　73
ロビンソン　Sir Thomas Robinson, 1st Baron Grantham, 1695〜1770　27
ロブトン　Jean de Robethon, 1722没　11
ロブ・ロイ　→　マグレガー
ロム　John Lombe, 1673?〜1722　76
ロムニ　George Romney, 1734〜1802　123

ワ行

ワイアット　James Wyatt, 1746〜1813　120
ワイヴィル　Rev. Christopher Wyvill, 1740〜1822　40
ワイズ　Francis Wise, 1695〜1767　114
若僭王　→　チャールズ・エドワード・ステューアト
ワーズワス　William Wordsworth, 1770〜1850　118
ワートリー　Stuart Wortley, 1776〜1845　145

マンドラン　Louis Mandrin, 1724〜55　100
マンロー, A.　Alexander Monro, 1697〜1767　128
マンロー, H.(少佐)　Sir Hector Munro, 1726〜1805　66
ミュア　Thomas Muir, 1765〜98　133
ミラボー　Honoré-Gabriel Riqueti, comte de Mirabeau, 1749〜91　131
ミール・カーシム　Mir Kassim　66
ミール・ジャーファル　Mir Jafar　65, 66
ムーア　Sir John Moor, 1761〜1809　146
ムハンマド・アリー　Muhammad Ali　65
メアリ女王　Mary II, 1689〜94　77
メットカーフ　John Metcalf, 1717〜1810　81
メルヴィル　→　*ダンダス*
モア　Hannah More, 1745〜1833　109
モーペルテュイ　Pierre Louis Moreau de Maupertuis, 1698〜1759　115
モンカルム　Louis-Joseph de Montcalm, marquis de Montcalm de Saint Véran, 1712〜59　61
モンティース　John Monteith　86
モンテスキュー　Charles de Secondat, baron de la Brède et de Montesquieu, 1689〜1755　12, 115
モールバラ　John Churchill, 1st Duke of Marlborough, 1650〜1722　119

ヤ行

ヤーマス　Sophia von Walmoden, Countess of Yarmouth, 1765没　28
ヤング, A.　Arthur Young, 1741〜1820　9, 75, 80, 81, 95, 97, 100
ヤング, E.　Edward Young, 1683〜1765　106
ユゴー　Victor Marie Hugo, 1802〜85　119
ヨーク　Charles Yorke, 1722〜70　35
ヨーク公　Frederick, Duke of York, 1763〜1827　136 - 138, 144

ラ行

ラヴォアジエ　Antoine Laurent de Lavoisier, 1743〜94　127
ラッド　Ned Ludd　98
ラトランド　Charles Manners, 4th Duke of Rutland, 1754〜87　43
ラ・ブルドネ　Bertrand François Mahé de la Bourdonnais, 1699〜1753　59
ランカスター　Joseph Lancaster, 1778〜1838　110
ランボー　Arthur Rimbaud, 1854〜91　118
リヴァプール　Robert Bank Jenkinson, 2nd Earl of Liverpool, 1770〜1828　13, 144, 145
リカード　David Ricardo, 1772〜1823　9, 89, 148

ベンサム　Jeremy Bentham, 1748～1832　85, 91, 145
ヘンデル　Georg Friedrich Händel, 1685～1759　49, 122, 124
ヘンリー　Patrick Henry, 1736～99　72
ボイデル　John Boydell, 1719～1804　124
ホウガース　William Hogarth, 1697～1764　91, 123, 128
ポウプ　Alexander Pope, 1688～1744　22, 111 - 113
ボウルター　Hugh Boulter, Archbishop of Armagh, 1672～1742　48
ボウルトン　Matthew Boulton, 1728～1809　79, 80
ホーク　Sir Edward Hawke, 1705～87　59, 62
ホークスベリ　Baron Hawkesbury　→　リヴァプール
ホークスムア　Nicholas Hawksmoor, 1661～1736　119
ボズウェル　James Boswell, 1740～95　116
ボートマー　Johann G. von Bothmer, Graf von Bothmer, 1656～1732　11
ポートランド　William Henry Cavendish Bentinck, 3rd Duke of Portland, 1738～1809　133, 144, 145
ホードリー　Benjamin Hoadley, 1676～1761　104
ボナパルト，J．　Joseph Bonaparte, 1768～1844　147
ボナパルト，N．　→　ナポレオン
ボーマルシェ　Pierre Augustin Caron de Beaumarchais, 1732～99　37
ボリングブルック　Henry St John, 1st Viscount Bolingbroke, 1678～1751　10, 20, 22, 106
ホロックス　John Horrocks, 1768～1804　86
ポンパドゥール夫人　Jeanne Antoinette Poisson, marquise de Pompadour, 1721～64　28, 37

マ行

マカダム　John Loudon McAdam, 1756～1836　88
マグレガー　Robert MacGregor, Rob Roy, 1671～1734　45
マシューズ　Thomas Matthews, 1676～1751　58
マックファーソン　James Macpherson, 1736～96　117
マックルズフィールド　George Parker, 2nd Earl of Macclesfield, 1697～1764　126
マックローリン　Colin MacLaurin, 1698～1746　127
マッセナ　André Masséna, 1756～1817　147
マーチモント　Sir Patrick Hume, 1st Earl of Marchmont, 1641～1724　113
マリー　William Murray, 1st Earl of Mansfield, 1705～93　18, 38
マリア=テレジア　Maria Theresia, 1717～80　58 - 60
マルサス　Thomas Robert Malthus, 1766～1834　9, 92
マルモン　Auguste Frédéric Louis Viesse de Marmont, 1774～1852　147
マン　Sir Horace Mann, 1701～86　114
マンスフィールド　→　マリー

フィルマー　Sir Robert Filmer, 1590?～1653　12
フェリーペ５世　Felipe V, 1700～46　53
フェリーペ, ドン　Don Felipe, 1720～45　59
フォックス, C. J.　Charles James Fox, 1749～1806　39, 41 - 43, 68, 131, 133, 134, 141, 143, 145
フォックス, H.　Henry Fox, Baron Holland, 1705～74　27, 29, 32, 39
フォーブズ　Duncan Forbes of Culloden, 1685～1747　45
フッド　Samuel Hood, 1st Viscount Hood, 1724～1816　73, 138
プライス　Richard Price, 1723～91　107
ブラウン　Lancelot ('Capability') Brown, 1713～83　120
ブラウンシュヴァイク　Karl Wilhelm Ferdinand von Braunschweig, 1735～1806　56, 61, 62
ブラック　Joseph Black, 1728～99　79, 127, 128
ブラックストン　Sir William Blackstone, 1723～80　18, 19
ブラックスフィールド　Robert Macqueen, Lord Braxfield, 1722～99　133
ブラックバーン　Lancelot Blackburne, 1658～1743　104
ブラッドリー　James Bradley, 1693～1762　126
フランクリン　Benjamin Franklin, 1706～90　127
フランシス　Sir Philip Francis, 1740～1818　39, 40, 67, 69
ブランド　Thomas Brand, 1774～1851　145
プリーストリー　Joseph Priestley, 1733～1804　107
ブリッジウォーター　Francis Egerton, 3rd Duke of Bridgewater, 1736～1803　81
ブリッジマン　Charles Bridgeman, 1738没　120
ブリッドポート　Alexander Hood, 1st Viscount Bridport, 1727～1814　139
フリードリッヒ２世　Friedrich II, 1740～86　24, 34, 56, 58 - 62
プリングル　John Pringle, 1707～82　128, 129
ブルック　Henry Brooke, 1705?～83　49
ブレイク　William Blake, 1757～1827　118
フレデリック(皇太子)　Frederick, Prince of Wales, 1707～51　22, 27, 31
フロスト　John Frost, 1750～1842　132
ベイクウェル　Robert Bakewell, 1725～95　75
ヘイスティングズ　Warren Hastings, 1732～1818　67 - 69
ベイル　Pierre Bayle, 1647～1706　116
ヘイルズ　Stephen Hales, 1679～1761　128
ベックフォード　William Beckford, 1759～1844　120
ベッドフォード　John Russell, 4th Duke of Bedford, 1710～71　35, 57
ヘップルワイト　George Heppelewhite, 1786没　80
ペニー　Edward Penny, 1714～91　123
ベーメ　Jacob Böhme, 1575～1624　106
ペラム　Henry Pelham, 1695?～1754　24, 26 - 28, 115
ベル　Bell　78

パーカー　Sir Hyde Parker, 1739～1807　57
バーク　Edmund Burke, 1729～97　35, 41, 68, 69, 132, 138
バークリー　George Berkeley, 1685～1753　49, 105
ハーグリーヴズ　James Hargreaves, 1778没　76, 77
パーシー　Dr. Thomas Percy,1729～1811　117
パーシヴァル　Spencer Perceval, 1762～1812　144, 145
ハスキソン　William Huskisson, 1770～1830　152
ハーディ　Thomas Hardy, 1752～1832　132
バーデット　Sir Francis Burdett, 1770～1844　134
バトラー　Joseph Butler, 1692～1752　105
ハドリー　John Hadley, 1682～1744　126
パラッディオ　Andrea Palladio, 1508～80　119
ハリー　Edmond Halley, 1656～1742　114, 126
ハリソン　John Harrison, 1693～1776　125
ハリントン　William Stanhope, 1st Earl of Harrington, 1690?～1756　24, 55
バーリントン　Richard Boyle, 3rd Earl of Burlington, 1695～1753　122
パルトニー, D.　Daniel Pulteney, 1731没　22
パルトニー, W.　William Pulteney, 1st Earl of Bath, 1684～1764　22
バレ　Isaac Barré 1726～1802　36
ハーン　Thomas Hearne, 1678～1735　114
ハンウェイ　Jonas Hanway, 1712～86　91, 100
バーンズ　Robert Burns, 1759～96　113
ハンター　William Hunter, 1718～83　128
ハンツマン　Benjamin Huntsman, 1704～66　78
ハント　Henry Hunt, 'Orator Hunt', 1773～1835　151
ピット(大)　William Pitt, 1st Earl of Chatham, 1708～78　8, 13, 23, 24, 26 - 30, 34, 35, 53, 55, 60 - 62, 66, 93, 96
ピット(小)　William Pitt, 1759～1806　13, 42, 43, 50, 51, 68, 69, 109, 130, 133, 135 - 138, 140 - 145
ピープス　Samuel Pepys, 1633～1703　114
ビュシー　Charles-Joseph Pâtissier, marquis de Bussy-Castelnau, 1720～85　60, 65, 68
ビュート　John Stuart, 3rd Earl of Bute, 1713～92　31 - 33, 62
ビュフォン　Georges Louis Leclerc, comte de Buffon, 1707～88　115
ヒューム　David Hume, 1711～76　106, 116
ピール(父)　Sir Robert Peel, 1750～1830　86
ピール(子・首相)　Sir Robert Peel, 1788～1850　152
ビング　John Byng, 1704～57　60
ファーノー　Philip Furneaux, 1726～83　107
フィッツウィリアム　William Wentworth Fitzwilliam, 2nd Earl Fitzwilliam, 1748～1833　50
フィールディング　Henry Fielding, 1707～54　22, 94, 100, 111, 112

テムプル, R.(初代)　Richard Grenville, 1st Earl Temple, 1711～79　29
テムプル, G.　George Nugent-Temple-Grenville, 3rd Earl Temple, 1st Marquess of Buckingham, 1753～1813　43
デュプレイクス　Joseph François Dupleix, 1697～1763　60, 65
デュムーリエ　Charles François Dumouriez, 1739～1823　138
テルフォード　Thomas Telford, 1757～1834　88
トウン　Theobald Wolfe Tone, 1763～98　50
ド・グラース　François Joseph Paul, comte de Grasse, Marquis de Grasse-Tilly, 1722～88　73
「屠殺人」→　カムバランド
ドディントン　George Bubb Dodington, 1st Baron Melcombe, 1691～1762　113
ドランド　John Dollond, 1706～61　126
ドレイク　Sir Francis Drake, 1540?～96　57

ナ行

ナッシュ, J.　John Nash, 1752～1835　121, 122
ナッシュ, R.(伊達男)　Richard Nash, 1674～1762　93
ナポレオン(1世)　Napoléon Bonaparte, 1769～1821(在位1804～15)　8, 87, 101, 124, 133, 134, 136, 138, 140 - 143, 145, 146, 148, 149
ニューカースル　Thomas Pelham-Holles, 1st Duke of Newcastle-upon-Tyne and Newcastle-under-Lyme, 1693～1768　15, 23, 24, 26 - 34, 60, 104
ニューカマン　Thomas Newcomen, 1663～1729　79
ニュートン　Sir Isaac Newton, 1642～1727　8, 114, 125 - 127
ニューベリー　John Newbery, 1714～67　111
ネラー　Sir Godfrey Kneller, 1649?～1723　123
ネルソン　Horatio Nelson, Viscount Nelson, 1758～1805　8, 130, 139, 142
ノアイユ　Adrien Maurice, duc de Noailles, 1678～1766　58
ノース　Frederick North, 8th Lord North, 2nd Earl of Guilford, 1732～92　31, 36, 41, 42, 49, 67, 71 - 73
ノリス　Sir John Norris, 1660?～1749　57

ハ行

ハイダル・アリー　Haidar Ali, 1761～82　66, 68
バイロン, G. G.(詩人)　George Gordon Byron, 6th Baron Byron of Rochdale, 1788～1824　9, 118
バイロン, J.　John Byron, 1723～86　127
ハウ　Richard Howe, 1st Earl Howe, 1726～99　43, 138
ハーヴィ, J.　John Hervey, Baron Hervey of Ickworth, 1696～1743　114
ハーヴィ, W.　William Harvey, 1578～1657　128

スペンサー　George John Spencer, 2nd Earl Spencer, 1758～1834　51
スミス　Adam Smith, 1723～90　9, 84, 89
スミートン　John Smeaton, 1724～92　126
スモレット　Tobias George Smollett, 1721～71　112
スールト　Nicolas Soult, 1769～1851　147
スロウン　Sir Hans Sloane, 1660～1753　115
セルウィン　George Augustus Selwyn, 1718～91　43
セルウォール　John Thelwall, 1764～1834　132, 134
ソフィーア（ジョージ１世の母）　Sophia, 1630～1714　10
ソーンダーズ　Sir Charles Saunders, 1713?～75　57

タ行

タウンゼンド　Charles Townshend, 2nd Viscount Townshend, 1674～1738　19, 35, 47, 54, 55, 71, 75
タッカー　Josiah Tucker, 1712～99　84
ターナー　Joseph Mallord William Turner, 1775～1851　124
ダニング　John Dunning, 1st Baron Ashburton, 1731～83　40
ダービー, A.（父）　Abraham Darby I, 1678～1717　78
ダービー, A.（子）　Abraham Darby II, 1711～63　78
ターピン　Dick Turpin, 1705～39　100
ダランベール　Jean le Rond D'Alembert, 1717～83　116
タレーラン　Charles Maurice de Talleyrand-Périgord, Prince de Bénévento, 1754～1838　149
ダンダス　Henry Dundas, 1st Viscount Melville, 1742～1811　42, 51, 136, 141
チェイン　Dr. George Cheyne, 1671～1743　93
チェインバーズ　Ephraim Chambers, 1680?～1740　115
チッペンデイル　Thomas Chippendale, 1718?～79　80
チャタトン　Thomas Chatterton, 1752～70　117, 118
チャールズ２世　Charles II ,1660～85　77, 83
チャールズ・エドワード・ステューアト（若僭王）　Charles Edward Louis Philip Casimir Stewart, 1720～88　24 - 26
ディドロ　Denis Diderot, 1713～84　116
デイル　David Dale, 1739～1806　89
ティプー・サヒブ（ティプー・スルターン）　Tippoo Sahib (Tipu Sultan), 1782～99　69
ティンダル　Matthew Tindal, 1653～1733　106
テインマス　John Shore, Baron Teignmouth, 1751～1834　109
デヴォンシア　William Cavendish, 3rd Duke of Devonshire, 1699～1755　24
デファン　Marie de Vichy-Chamrond, marquise du Deffand, 1697～1780　94
デフォー　Daniel Defoe, 1660～1731　76, 77, 79, 80, 95, 112

104, 107
ジェイムズ・エドワード(老僭王)　James Francis Edward Stewart, 1688～1766
10, 11, 25
ジェブ　Dr. John Jebb, 1736～86　40
シェラトン　Thomas Sheraton, 1751～1806　80
シェリー　Percy Bysshe Shelley, 1792～1822　118
シェルバーン　William Petty, 2nd Earl of Shelburne, Marquess of Landsdowne, 1737～1805　35, 40, 41, 73
ジェンキンズ　Robert Jenkins　23, 55
ジェンナー　Edward Jenner, 1749～1823　91
シドンズ　Sarah Siddons, 1755～1831　94
シャー・アーラム　Shah Alam II, 1759～1806　69
ジャーヴィス, C. (画家)　Charles Jervas, 1675?～1739　123
ジャーヴィス, J.　John Jervis, Earl St. Vincent, 1735～1823　130, 138, 139
シャフツベリ　Anthony Ashley Cooper, 3rd Earl of Shaftesbury, 1671～1713　106
シャーリー　William Shirley, 1694～1771　59
シュジャーウッダウラ　Shuja-ud-doulah　67
ジューニアス　→　フランシス
ジュノー　Andoche Junot, duc d'Abrantes, 1771～1813　146
シュフラン　Pierre André de Suffren Saint Tropez, 1729～88　68
ジュルダン　Jean-Baptiste Jourdan, 1762～1833　147
ジョージ1世　George I, 1714～27　7, 11, 13, 14, 19, 20, 28, 47, 52 - 54, 78, 107, 122, 124, 126
ジョージ2世　George II, 1727～60　7, 11, 20, 22, 26 - 30, 47, 58, 60, 114, 115, 122, 124
ジョージ3世　George III, 1760～1820　7, 12, 30 - 32, 34, 36, 37, 39, 41 - 43, 50, 51, 91, 122, 140, 143 - 145
ジョージ4世　George IV, 1820～30　7, 43, 44, 121, 122, 135, 144, 145, 151, 152
ショート　James Short　126
ジョンソン　Dr. Samuel Johnson, 1709～84　19, 46, 116
スウィフト　Jonathan Swift, 1667～1745　9, 22, 49, 112
ズカレッリ　Francesco Zuccarelli, 1702～88　122
スケルトン　Philip Skelton, 1707～87　49
スコット　Sir Walter Scott, 1771～1832　119
スターク　William Stark, 1740～70　91
スタッブズ　George Stubbs, 1724～1806　123
スタノプ　James Stanhope, 1st Earl Stanhope, 1673～1721　19 - 21
スターリング　James Stirling, 1692～1770　127
スターン　Rev. Laurence Sterne, 1713～68　112
ステュークリー　William Stukeley, 1687～1765　114
ストラファド　Thomas Wentworth, 3rd Earl of Strafford, 1672～1754　20

グラフトン　Augustus Henry Fitzroy, 3rd Duke of Grafton, 1735～1811　34, 35
グランヴィル　→　カートレット，J.
グレアム　George Graham, 1673～1751　126
グレイ，C.　Charles Grey, 2nd Earl Grey, 1764～1845　134
グレイ，S.　Stephen Gray, 1696～1736　127
グレンヴィル，G.　George Grenville, 1712～70　33
グレンヴィル卿　William Wyndham Grenville, 1st Baron Grenville, 1759～1834　51, 143, 144
クロムウェル　Oliver Cromwell, 1599～1658　83
クロムプトン　Samuel Crompton, 1753～1827　77
ケアリ　John Cary, 1720?没　100
ケイ　John Kay, 1704～64?　76
ゲイ　John Gay, 1685～1732　22
「ケイパビリティ」ブラウン　→　ブラウン
ゲインズバラ　Thomas Gainsborough, 1727～88　123
ケッペル　Augustus Keppel, 1st Viscount Keppel, 1725～86　57
ケント　William Kent, 1684～1748　123
ゴア　Granville Leveson-Gower, 2nd Earl Gower, 1st Marquess of Stafford, 1721～1803　43
コウルリッジ　Samuel Taylor Coleridge, 1772～1834　118
コート　Henry Cort, 1740～1800　78, 85, 86
ゴードン　Lord George Gordon, 1751～93　40, 41
コープ　Sir John Cope, 1760没　25
コベット　William Cobbett, 1762～1835　135
コラム　Thomas Coram, 1688?～1751　100
コリンズ　Anthony Collins, 1676～1729　106
ゴールドスミス　Oliver Goldsmith, 1728～74　117
コンウェイ　Henry Seymour Conway, 1721～95　34
コーンウォリス　Charles Cornwallis, 1st Marquess Cornwallis, 1738～1805　51
ゴンザレス　Don Manuel Gonzales　99
コンスタブル　John Constable, 1776～1837　124

サ行

サヴィル　Sir George Savile, 1726～84　108
サックス　Maurice de Saxe, 1696～1750　56, 59
サーロウ　Edward Thurlow, 1st Baron Thurlow, 1731～1806　36, 43
サンダランド　Charles Spencer, 3rd Earl of Sunderland, 1674～1722　47
シェイクスピア　William Shekespeare, 1564～1616　95, 102, 113, 116
ジェイムズ1世　James I,1603～25／JamesⅥ (Scotland), 1567～1625　10
ジェイムズ2世　James II／JamesⅦ (Scotland), 1685～88　10, 24, 26, 45, 47,

カ行

カーウェン　John Christian Curwen, 1756～1828　144
カサノヴァ　Giovanni Jacopo Casanova, 1725～98　37
カサーリ　Andrea Casali, 1720?～83?　122
カースルレイ　Robert Stewart, Viscount Castlereagh & 2nd Marquess of Londonderry, 1769～1822　51, 144, 145, 149, 150, 152
カートライト，E.(博士)　Edmund Cartwright, 1743～1823　86
カートライト，J.　Major John Cartwright, 1740～1824　39, 135
カートレット，J.　John Carteret, Earl Granville, 1690～1763　24, 26, 58
カートレット，P.　Philip Carteret, 1796没　127
カナレット　Giovanni Antonio Canal, Canaletto, 1697～1768　122
カムバランド　William Augustus, Duke of Cumberland, the 'Butcher', 1721～65　25, 26, 56, 58, 60
カール5世　Karl V, 1519～58　54
カール6世　Karl VI, 1711～40　55, 58
カルトゥーシュ　Cartouche, 1693?～1721　100
カルロ=エマヌエレ3世　Carlo Emanuele III, 1730～73　58
ギッブズ　James Gibbs, 1682～1754　121
キップリング　Rudyard Kipling, 1865～1936　102
ギブスン　Edmund Gibson, 1669～1748　104
ギボン　Edward Gibbon, 1737～94　114
キャニング　George Canning, 1770～1827　144, 145, 152
キャムデン(大法官)　Sir Charles Pratt, 1st Earl Camden, 1713～94　35
キャムデン(アイルランド総督)　John Jeffreys Pratt, 2nd Earl & 1st Marquess Camden, 1759～1840　50
ギャリック　David Garrick, 1717～79　94
キャロライン王妃　Caroline of Anspach, 1683～1737　22
キャムベル　John Campbell, 1720?～90　57, 126
ギルレイ　James Gillray, 1757～1815　124
グスターヴ4世　Gustavus IV, 1792～1837　146
クック，J.　James Cook, 1728～79　127
クック，T. W.　Thomas William Coke, Earl of Leicester of Holkham, 1752～1842　75
クート　Sir Eyre Coote, 1726～83　65, 68
クライヴ　Robert Clive, 1725～74　65 - 67
グラヴァー　Richard Glover, 1712～85　22
クラーク，S.　Samuel Clarke, 1675～1729　114
クラーク夫人　Mary Anne Clarke, *née* Thompson, 1776～1852　144
グラタン　Henry Grattan, 1746～1820　49, 50
グラビーナ　Federico Carlos Gravina, 1756～1806　142

ウィンチルシー　Daniel Finch, 3rd Earl of Nottingham & 7th Earl of Winchilsea　56
ウェイド　George F.-M. Wade, 1673～1748　45, 46
ウェスト　Benjamin West, 1738～1820　123, 124
ウェスレー，C．　Charles Wesley, 1707～88　108
ウェスレー，J．　John Wesley, 1703～91　108, 109
ウェダーバーン　Alexander Wedderburn, 1st Baron Loughborough, 1st Earl of Rosslyn, 1733～1805　36
ウェッジウッド　Josiah Wedgwood, 1730～95　80
ウェリントン　Arthur Wellesley, 1st Duke of Wellington, 1769～1852　8, 69, 130, 146, 147, 149
ウェルズリー，A．→　ウェリントン
ウェルズリー，R．　Richard Wellesley, 1st Marquess Wellesley, 1760～1842　69
ヴェン　John Venn, 1759～1813　109
ウォシントン　Colonel George Washington, 1732～99　60, 72
ウォット　James Watt, 1736～1819　8, 79
ウォットスン，J．S．　J. Steven Watson　143
ウォットスン，W．　Sir William Watson, 1715～87　127
ウォードル　Gwyllyn Lloyd Wardle, 1762?～1833　144
ウォリス　Samuel Wallis, 1728～95　127
ヴォルテール　Voltaire, François-Marie Arouet, 1694～1778　12, 106, 112, 115, 116, 125
ウォールポール，H．　Horace Walpole, 4th Earl of Orford, 1717～97　104, 114, 117, 120
ウォールポール，R．　Sir Robert Walpole, 1st Earl of Orford, 1676～1745　8, 13, 19 - 24, 26, 36, 52, 54, 55, 58, 74, 104, 107, 117, 141
ウルフ　James Wolfe, 1727～59　62,124
ウーレット　William Woolett, 1735～85　124
エカテリーナ２世　Ekaterina II, 1762～96　135
エグモント　Sir John Perceval, 2nd Earl of Egmont, 1711～70　113
エメット　Robert Emmet, 1778～1803　142
エリザベス（ジェイムズ１世の王女）　Elizabeth, 1596～1662　10
エルドン　John Scott, 1st Earl of Eldon, 1751～1838　144
オウエン　Robert Owen, 1771～1858　89, 90
オクスフォード　Robert Harley, 1st Earl of Oxford, 1661～1724　20, 115
オーグルソープ　James Edward Oglethorpe, 1696～1785　64, 100
オースティン　Jane Austen, 1775～1817　118
オーモンド　James Butler, 2nd Duke of Ormonde, 1665～1745　20
オールドノウ　Samuel Oldknow, 1756～1828　86
オッシュ　Lazare Louis Hoche, 1768～97　50, 138
オルレアン　Philippe, duc d'Orleans, 1715～23　53

人名索引

ア行

アインシュタイン　Albert Einstein, 1879～1955　126
アークライト　Sir Richard Arkwright, 1732～92　77
アダム, J.　James Adam, 1730～94　119
アダム, R.　Robert Adam, 1728～92　119, 120
アッサー　Asser, 9世紀末頃活躍　114
アディスン　Joseph Addison, 1672～1719　113
アディントン　Henry Addington, 1st Viscount Sidmouth, 1757～1844　140, 141, 152
アーバスノット　John Arbuthnot, 1667～1735　22
アレクサンドル1世　Aleksandr I, 1801～25　146
アレン　Ralph Allen, 1694?～1764　93
アン女王　Queen Anne, 1702～14　10, 11
アンソン　George Anson, Baron Anson, 1697～1762　29, 57, 59, 127
アンベール　Jean-Amable Humbert, 1755～1823　50
イーデン　William Eden, 1st Baron Auckland, 1744～1814　83
ヴァトー　Jean-Antoine Watteau, 1684～1721　122
ヴァーノン　Edward Vernon, 1684～1757　57
ヴァンブラ　Sir John Vanbrugh, 1664～1726　119
ヴァンロー　Jean-Baptiste Vanloo, 1684～1745　122
ヴィクトリア女王　Queen Victoria, 1837～1901　8, 9, 95, 102, 130, 152
ウィットフィールド　George Whitefield, 1714～70　108
ヴィニー　Alfred-Victor, comte de Vigny, 1797～1863　118
ウィリアムズ　Basil Williams　22
ウィルキンソン　John Wilkinson, 1728～1808　78, 86
ウィルクス　John Wilkes, 1727～97　36 - 41, 132
ウィルズ　Edward Willes, 1693～1773　104
ウィルソン　Richard Wilson, 1714～82　123
ヴィルヌーヴ　Pierre Charles Jean Baptiste Sylvestre de Villeneuve, 1763～1806　142
ウィルバフォース　William Wilberforce, 1759～1833　109
ウィルミントン　Sir Spencer Compton, Earl of Wilmington, 1673?～1743　24
ウィンダム, サー・ウィリアム　Sir William Wyndham, 1687～1740　22
ウィンダム, W.　William Windham, 1750～1810　51, 137

訳者略歴
手塚リリ子（てづか　りりこ）
一九三四年生、青山学院大学大学院文学研究科博士課程満期退学、青山学院大学名誉教授、イギリス文学専攻。
主要著訳書
『イギリス女性作家の深層』（共著、ミネルヴァ書房）
『ジョージ・エリオットの時空』（共著、北星堂書店）
『想像力の飛翔――英語圏の文学・文化・言語』（共編著、北星堂書店）
L・カザミヤン『イギリス魂』（共訳、社会思想社）
　同　『近代英国』（共訳、創文社）
　同　『大英国――歴史と風景』（共訳、白水社）
H・テーヌ『英国文学史――古典主義時代』（共訳、白水社）

手塚喬介（てづか　きょうすけ）
一九三五年生、青山学院大学大学院文学研究科博士課程満期退学、青山学院大学名誉教授、イギリス文学専攻。
主要著訳書
『想像力の飛翔――英語圏の文学・文化・言語』（共編著、北星堂書店）
M・ポワリエ『エリザベス朝英語概説』（共訳、篠崎書林）
H・テーヌ『英国文学史――古典主義時代』（共訳、白水社）

ジョージ王朝時代のイギリス

二〇〇四年九月二〇日　印刷
二〇〇四年一〇月一〇日　発行

訳　者 © 手塚リリ子
　　　　手塚喬介
発行者　川村雅之
印刷所　株式会社平河工業社
発行所　株式会社白水社

東京都千代田区神田小川町三の二四
電話　営業部〇三（三二九一）七八一一
　　　編集部〇三（三二九一）七八二一
振替　〇〇一九〇－五－三三二二八
郵便番号一〇一－〇〇五二
http://www.hakusuisha.co.jp
乱丁・落丁本は、送料小社負担にてお取り替えいたします。

製本：平河工業社

ISBN4-560-05879-2

Printed in Japan

Q 歴史・地理・民族(俗)学

18 フランス革命
62 ルネサンス
116 英国史
133 十字軍
160 ラテン・アメリカ史
191 ルイ十四世
202 世界の農業地理
245 ロベスピエール
297 アフリカの民族と文化
309 パリ・コミューン
338 ロシア革命
351 ヨーロッパ文明史
353 騎士道
385 アンシアン・レジーム
412 アメリカの黒人
418 年表世界史1
419 年表世界史2
420 年表世界史3
421 年表世界史4
428 宗教戦争
446 東南アジアの地理
454 ローマ共和政
458 ジャンヌ・ダルク
484 宗教改革

---

491 アステカ文明
506 ヒトラーとナチズム
528 ジプシー
530 森林の歴史
536 アッチラとフン族
541 アメリカ合衆国の地理
557 ジンギスカン
566 ムッソリーニとファシズム
567 蛮族の侵入
568 ブラジル
569 地理学の方法
574 カール五世
586 トルコ史
590 中世ヨーロッパの生活
597 ヒマラヤ
602 末期ローマ帝国
604 テンプル騎士団
610 インカ文明
615 ファシズム
627 南アメリカの地理
629 ポルトガル史
636 メジチ家の世紀
648 マヤ文明
660 朝鮮史
664 新しい地理学

---

665 イスパノアメリカの征服
669 新朝鮮事情
675 フィレンツェ史
684 ガリカニスム
689 言語の地理学
691 近代ギリシア史
705 対独協力の歴史
709 ドレーフュス事件
713 古代エジプト
719 フランスの民族学
724 バルト三国
731 スペイン史
732 フランス革命史
735 バスク人
743 スペイン内戦
747 ルーマニア史
752 オランダ史
755 朝鮮半島を見る基礎知識
757 ラングドックの歴史
758 キケロ
760 ヨーロッパの民族学
766 ジャンヌ・ダルクの実像
767 ローマの古代都市
769 中国の外交
781 カルタゴ

---

782 カンボジア
790 ベルギー史
791 アイルランド
806 中世フランスの騎士
810 闘牛への招待
812 ポエニ戦争
813 ヴェルサイユの歴史
814 ハンガリー
815 メキシコ史
816 コルシカ島
819 戦時下のアルザス・ロレーヌ
823 レコンキスタの歴史
825 ヴェネツィア史
826 東南アジア史
827 スロヴェニア
828 クロアチア
831 クローヴィス
834 プランタジネット家の人びと
842 コモロ諸島
853 パリの歴史
856 インディヘニスモ
857 アルジェリア近現代史
858 ガンジーの実像
859 アレクサンドロス大王
861 多文化主義とは何か

864 百年戦争
865 ヴァイマル共和国
870 ビザンツ帝国史
871 ナポレオンの生涯
872 アウグストゥスの世紀
876 悪魔の文化史
877 中欧論

Q 社会科学